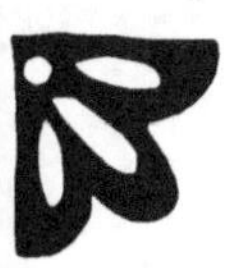

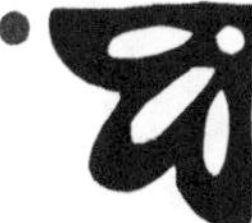

Benvenuto!

Benvenuto nel Manuale di Lettering per Principianti, futuro letterista! Di sicuro avrai molte domande sull'arte del lettering. Da dove inizio? Che strumenti mi servono? Che diavolo è la linea del piede? Niente paura! Lo scopo di questo libro è proprio di rispondere a tutti i tuoi dubbi. Avrai modo di fare tanta pratica all'interno del libro e, se ti sarà necessario, potrai scaricare anche ulteriori esercizi online attraverso un link che ti forniremo.

Ti starai chiedendo che cos'è il lettering, e la risposta a questa domanda è semplice. Il lettering è, per farla breve, l'arte di disegnare le lettere. Viene utilizzato in tutto, dalle insegne dei negozi agli inviti alle feste, dalle cartoline di Natale al menù per i buffet. È un'arte davvero versatile… e anche divertente!

Esistono diverse tipologie di lettering, diversi stili artistici come la calligrafia, il monolinea, il brush lettering… e molti altri! Scenderemo nel dettaglio di ognuno di questi stili tra qualche pagina.

Giostrarsi nel lettering a mano può sembrare difficile, considerando tutti i diversi termini, le tecniche e gli stili che si possono utilizzare, ma con tanta pratica chiunque può riuscire in quest'arte. Non importa se le tue abilità di scrittura sono eccellenti o così così, questo libro di sicuro ti insegnerà qualcosa e ti aiuterà a migliorare. È proprio qui che inizia il tuo cammino!

E, ALLORA, PARTIAMO PER IL NOSTRO VIAGGIO NEL LETTERING!

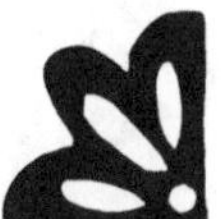

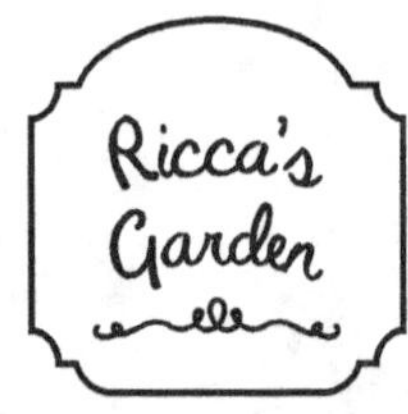

ricca_garden

info@riccagarden.com

Pubblicato & Sviluppato a Brisbane, Australia

Prima edizione: gennaio 2022

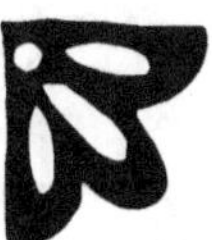
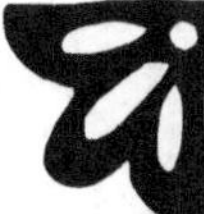

REGALINI!

Hai bisogno di fare ulteriore pratica? Sei fortunato! Dato che hai acquistato questo libro, ti regaliamo delle pagine con linee guida per esercitarti, nonché altri strumenti per il lettering che ti aiuteranno nel tuo percorso di scrittura a mano! Scannerizza il codice QR qui sotto o effettua l'accesso sulla pagina web riccagarden.com/lettering_workbook. Una volta fornita la tua e-mail, potrai scaricare tante altre pagine per fare pratica!

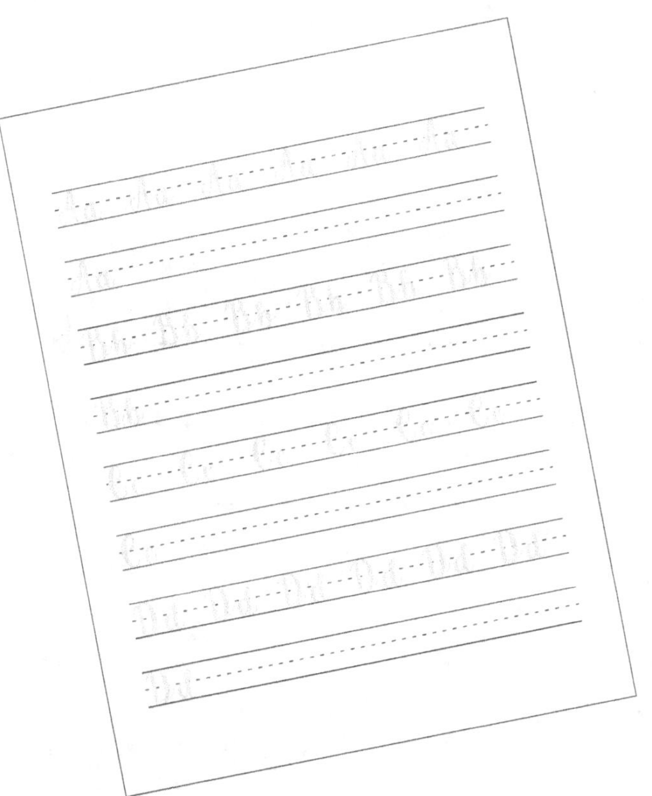

SCANNERIZZA IL CODICE

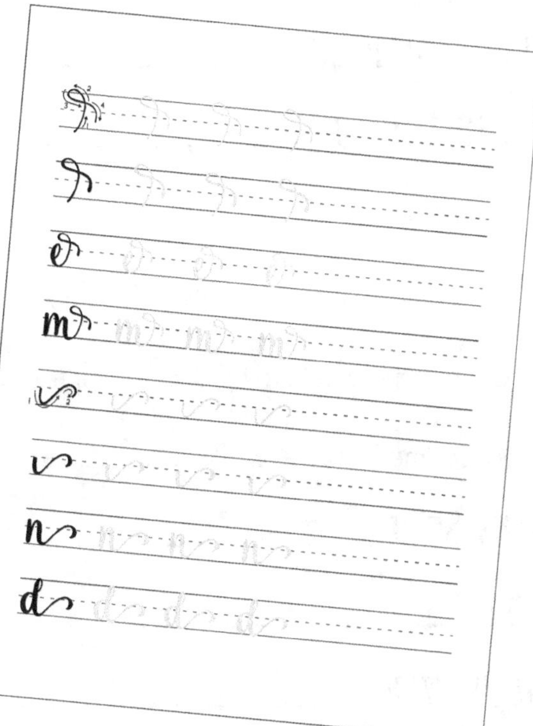

BUON LETTERING!

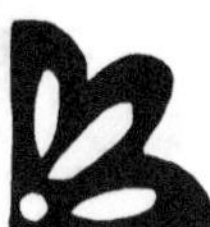
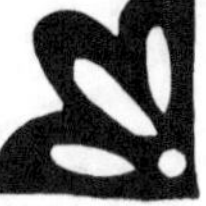

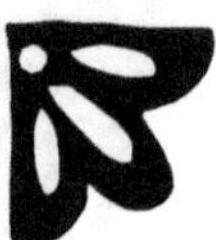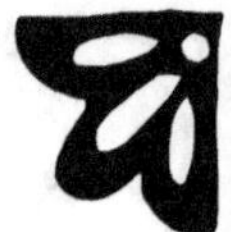

SOMMARIO

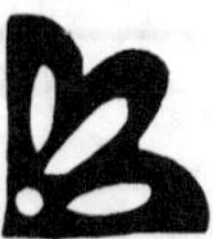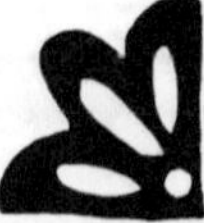

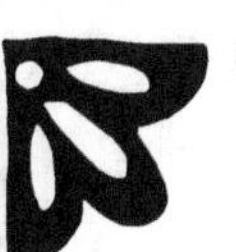

Tutto Ciò Che C'è Da Sapere Per Iniziare

Prima di gettarci a capofitto nel divertimento, ci sono un paio di nozioni che devi avere chiare. Ricordi tutte le domande che avevi? Questo è il momento di rispondere. Preparati, ci sono un sacco di termini da imparare! Non preoccuparti troppo, però: queste pagine sono sempre qui per te, se avrai bisogno di ritornarci.

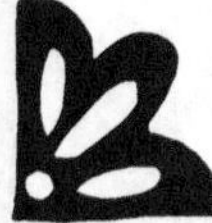

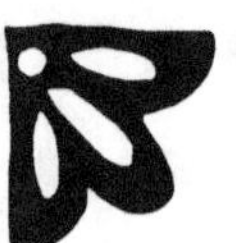

Differenze tra Lettering e Calligrafia

Quando si inizia, ci si potrebbe chiedere se ci sia davvero una differenza tra il lettering e la calligrafia. Il più delle volte, questi termini vengono alternati come se avessero lo stesso significato quando, invece, tra di loro c'è una netta differenza!

Hand Lettering

L'hand lettering, lettering a mano o, più semplicemente, lettering, è una forma di scrittura più simile al disegno che alla scrittura pura. È semplice da imparare e personalizzare, perché si può facilmente adattare qualsiasi stile al proprio. Al contrario di quelle della calligrafia, le regole del lettering sono flessibili, libere e adatte a qualsiasi tipo di creatività. Gli strumenti che il lettering fornisce, inoltre, sono moltissimi.

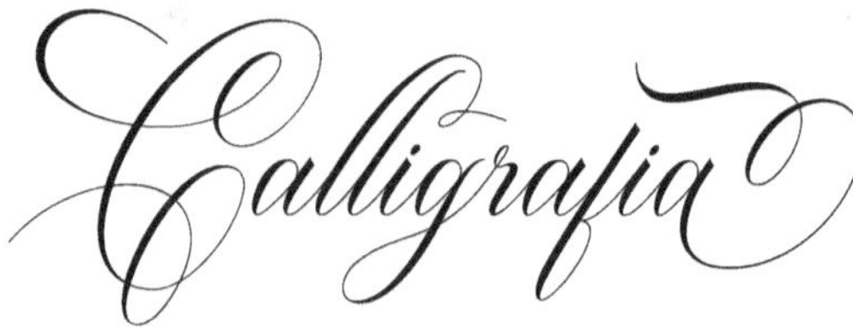

Calligrafia Moderna

La calligrafia tradizionale, inoltre, si è evoluta al punto da trasformarsi in calligrafia moderna. Questo stile non ha regole così strette come nel caso della calligrafia tradizionale, non bisogna seguire linee precise per formare delle lettere. Può avere colori brillanti e uno stile che si adatta all'artista e al suo gusto individuale. Nonostante il suo nome, anche il brush lettering è una forma di calligrafia moderna, perché utilizza perlopiù la scrittura piuttosto che il disegno.

Calligrafia

D'altra parte, la calligrafia è l'arte della scrittura. La calligrafia tradizionale è tutt'altro tipo di storia. Mentre il lettering può essere praticato in qualsiasi stile o tecnica, la calligrafia pura è specifica e deve seguire regole precise. Si utilizza un pennino, quindi una penna dalla punta metallica che, allo scopo di tracciare le lettere, viene immersa in una boccetta di inchiostro. Le regole e le linee guida della calligrafia sono precise ed è difficile imparare tutte le lettere.

Alcuni esempi di calligrafia tradizionale includono il Copperplate, il corsivo Spenceriano o quello romano (Roman Capital). La calligrafia tradizionale non verrà trattata in questo libro, ma è un'arte affascinante e, se te la senti, è un buon passo da intraprendere dopo aver padroneggiato il lettering!

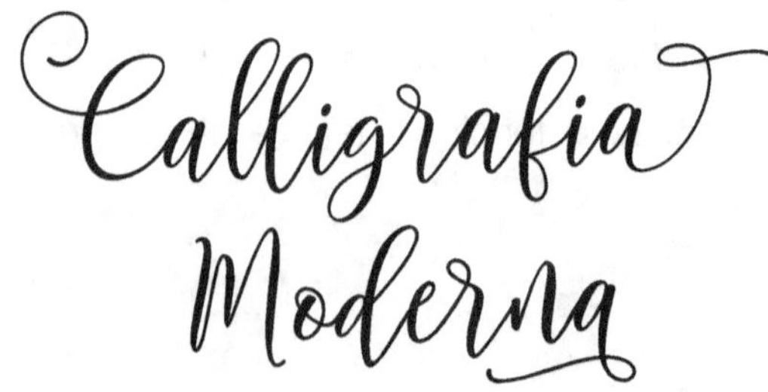

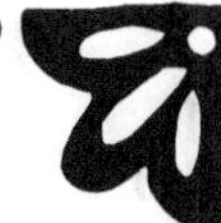

Introduzione alle Tecniche e agli Stili

Ci sono diversi tipi di tecniche e stili nel lettering. La bellezza di quest'arte è che non ha limiti! Puoi utilizzare quello che vuoi, ma per farlo devi prima conoscere le basi, che rendono la pratica più facile per chi inizia da poco. Al momento ti forniremo soltanto un'infarinatura iniziale, ma tutte le tecniche e gli stili di seguito ti saranno spiegati nel dettaglio più avanti!

Monolinea

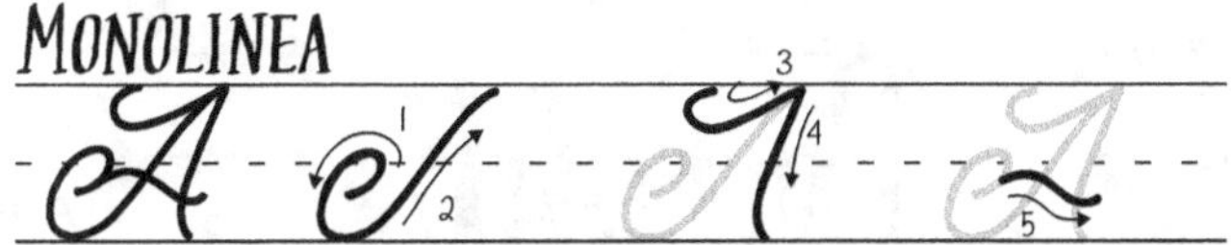

Il monolinea, o monoline, consiste in una scrittura che segue una sola linea fino alla fine. Le scritte che vengono a crearsi hanno la stessa grandezza e spessore e seguono una consistenza. Non ha bisogno di strumenti particolari. Di solito viene accompagnata da molti elementi artistici, per dare un tocco minimalistico all'immagine.

Brush Lettering

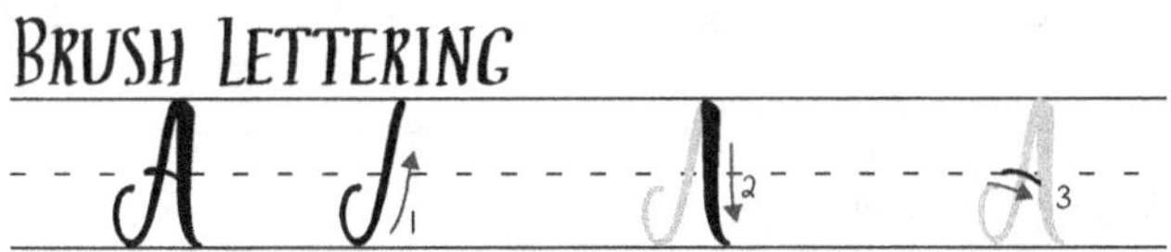

Il brush lettering, o lettering a pennello, è una delle tecniche più difficili, ma anche una delle più belle. Nel brush lettering viene utilizzato, appunto, un pennello, perché in grado di flettersi e piegarsi in modo che minore sia la pressione, più sottile sia la linea. Ciò significa anche che con maggiore pressione si possono creare linee più spesse.

Finta Calligrafia

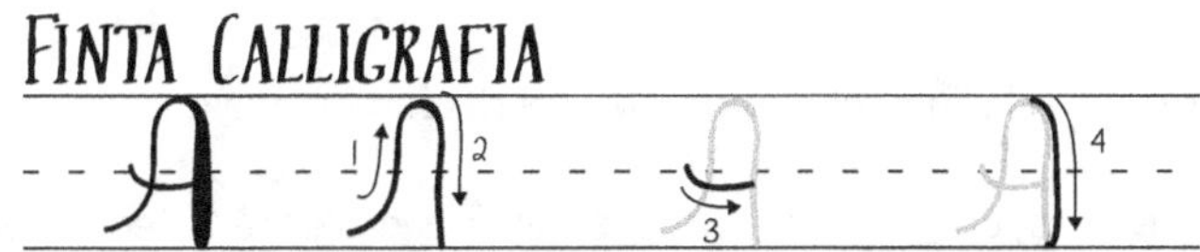

La finta calligrafia, o calligrafia faux, unisce il monolinea al brush lettering. La finta calligrafia, in pratica, riproduce la scrittura a pennello, ma segue una sola linea come nel monolinea, che viene poi abbellita per aggiungere spessore alle linee. La sua tecnica, quindi, pur avvicinandosi al brush lettering, è molto più facile da padroneggiare.

Serif

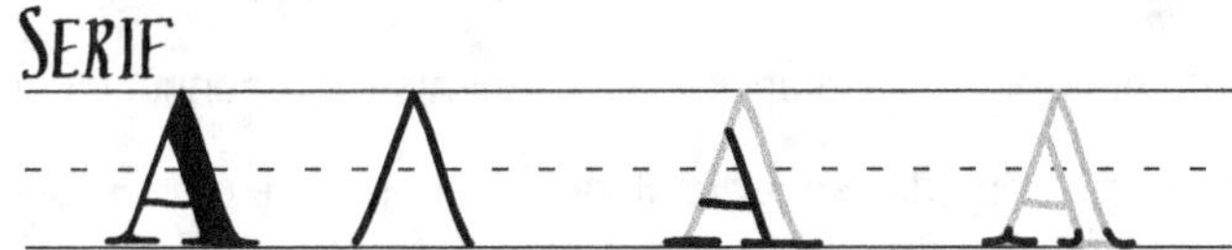

Il serif è uno stile di lettering che porta con sé un po' d'eleganza! Per riprodurre lo stile serif bisogna aggiungere delle linee decorative sulle estremità delle lettere. In questo modo si possono riprodurre scritte di vario tipo a seconda dell'interpretazione creativa del letterista.

Sans Serif

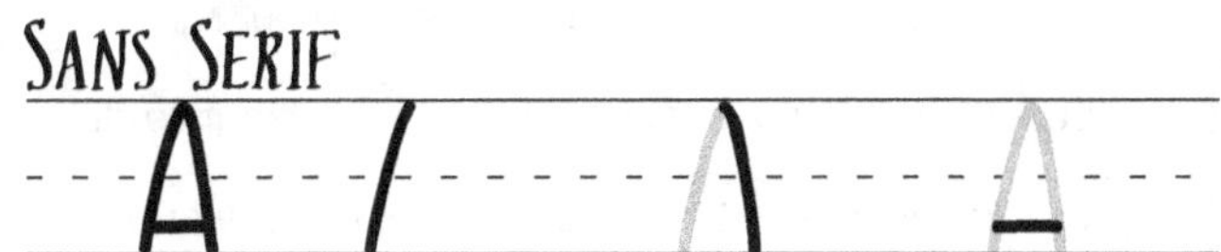

La parola "sans", in francese, si traduce in "senza." Sì, esatto. Se messo a confronto con il serif, il sans serif è uno stile di lettering che non utilizza gli abbellimenti alle sue estremità. Viene riprodotto in uno stile semplice e frizzante, che dà alla scritta un tocco giovanile e moderno.

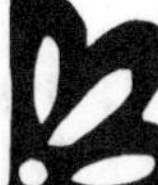

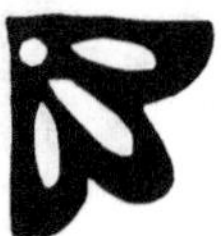
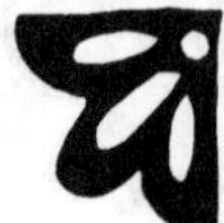

TERMINOLOGIA

A prima vista, la terminologia del lettering può sembrare confusionaria se non la si conosce. Per tua fortuna, però, questo libro è qui per aiutarti! Poni un segnalibro su questa pagina, così che tu possa ritornarci ogni volta che ti servirà.

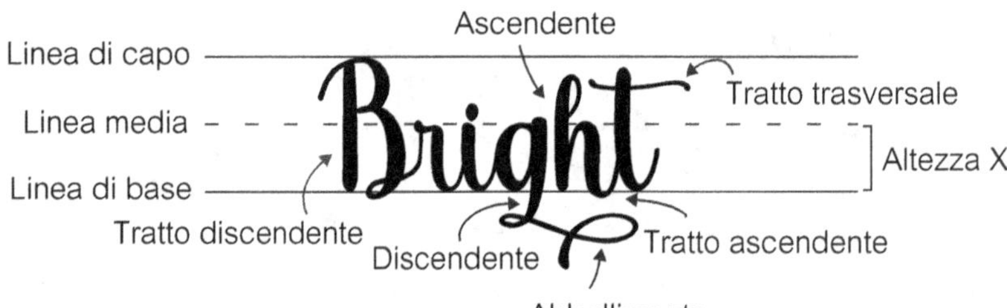

Nel lettering sono diverse le linee che vengono tracciate. Ti aiutano a dare alle tue lettere consistenza e ordine. Basti pensare alle linee che utilizzavi quando hai imparato, per la prima volta, a scrivere in corsivo: è proprio lo stesso concetto!

LINEA DI BASE: Questa è la linea dove tutte le lettere posano. Ti aiuta a scrivere dritto, in modo che non vi siano parole che cadono verso un lato o l'altro del foglio.

LINEA MEDIA: È la linea centrale. Di solito corrisponde al punto in cui finiscono le lettere minuscole, quindi queste lettere si estenderanno dalla linea di base alla linea media.

ALTEZZA X: Corrisponde a quanto è alta la lettera x in maiuscolo. Viene utilizzata come distanza di riferimento tra la linea di base e la linea media.

LINEA DI CAPO: La linea di capo è la linea che marca la fine di tutte le lettere maiuscole.

A parte la definizione delle linee, ci sono anche altri termini da imparare, specifici delle diverse parti di una lettera o dei segni utilizzati per tracciarle.

ASCENDENTE: Un ascendente è qualsiasi parte della lettera che supera la linea media.

DISCENDENTE: Un discendente è qualsiasi parte della lettera che si estende oltre la linea di base.

TRATTO DISCENDENTE: Il tratto discendente si riferisce al movimento della penna. Ogni volta che la penna scrive verso il basso, quel tratto viene chiamato tratto discendente. Il tratto discendente è quasi sempre sottile, fatta eccezione per quando si utilizza lo stile di lettering monolinea.

TRATTO ASCENDENTE: Un altro movimento della penna è il tratto ascendente, che si contrappone a quello discendente. Un tratto ascendente è un movimento che va verso l'alto e, come il precedente, è quasi sempre stretto.

TRATTO TRASVERSALE: Il tratto trasversale, o tratto a croce, è un segno orizzontale utilizzato per connettere o completare una lettera. Un esempio di questo tipo di movimento è il trattino orizzontale della t.

ABBELLIMENTO: Un abbellimento, o fronzolo, è un tratto molto popolare, che fa da decorazione alle lettere. Tutti i segni che non fanno parte di una lettera e che sono tracciati soltanto per renderla più creativa sono detti abbellimenti. I fiocchi sotto la lettera g nell'esempio sono abbellimenti.

FORMA DELLE LETTERE: La forma delle lettere, come dice il nome, è l'aspetto base di una lettera.

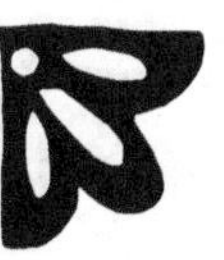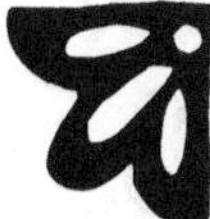

STRUMENTI

Non c'è fine agli strumenti che possono essere utilizzati nell'hand lettering. Si può fare uso di tutto, ma alcuni attrezzi funzionano meglio di altri. Non c'è bisogno di spendere una fortuna quando si sta imparando. Basta iniziare con un foglio di carta, una matita e dei pennarelli!

MATITE: Le matite sono perfette per le bozze e uno strumento eccellente per tracciare le linee guida delle lettere. Sono ottime per provare diverse idee prima di rendere le tue creazioni permanenti e sono fantastiche per i principianti!

PENNE: Ci sono un'infinità di penne diverse, la cui qualità dipende dalla loro diversità. Le penne sono fantastiche per qualsiasi tipo di lettering e sono estremamente utili per chi inizia da poco. I pennarelli a punta fina sono i migliori per il lettering, così come tutti i tipi di penne a gel.

PENNARELLI: Il pennarelli sono un altro strumento importantissimo per il lettering, perché ne esistono varie tipologie. I pennarelli colorati riescono in fretta a dare valore a una parola. Sono gli strumenti migliori sia nel lettering che per i principianti. I pennarelli Crayola, per esempio, che sono economici e di buona qualità, rappresentano un'opzione perfetta per il lettering.

PENNE A PENNELLO: I pennelli e le penne a pennello sono ottimi per il brush lettering, appunto, grazie alla loro struttura flessibile. Un esempio di ottima penna a pennello è il Tombow Fudenosuke.

ACQUERELLI: Sono disponibili diverse forme di acquerelli, dalla tipologia godet alle matite acquerellabili. Funzionano sia per progetti importanti e dalle linee spesse che come decorazioni da sfondo.

GESSETTI: I gessetti sono usati perlopiù nei negozi o per occasioni speciali. Ottimi sulle lavagnette e per sperimentare su carta di vario tipo!

PENNINI: Questo tipo di penne sono utilizzate perlopiù nella calligrafia pura. Sono penne avanzate, non adatte ai principianti. Hanno una punta metallica che trattiene l'inchiostro quando le si immerge in una boccetta.

CARTA: La carta migliore da utilizzare è quella liscia, così che non possa danneggiare i tuoi strumenti. Le opzioni migliori sul mercato sono i fogli HP premium 32, i blocchetti Rhodia o i blocchetti per pennarelli Canson XL. È utile anche avere sottomano della carta da lucido, così da fare pratica e trasferire, poi, i propri design su carta.

RIGA: La riga è uno strumento eccellente per rendere tutto più ordinato! Puoi utilizzarla per segnare le linee guida a matita e cancellarle, poi, quando avrai finito la tua opera.

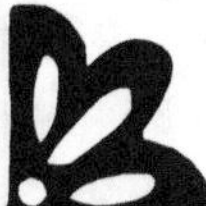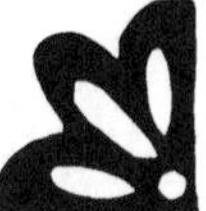

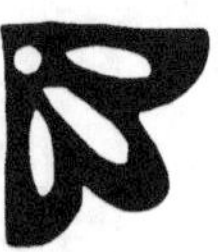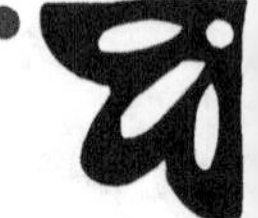

Tabella di Riferimento degli Strumenti

Se stai cercando uno strumento specifico per destreggiarti in uno stile in particolare, o adatto al tuo livello, puoi utilizzare la seguente tabella per aiutarti a scegliere!

Strumenti	Livello letterista	Con che stile si utilizza	Livello di disordine	Quanto è difficile da padroneggiare
Matite	Principiante	Per tracciare, fare schizzi e prime bozze o praticare la finta calligrafia	Non necessita troppi ghirigori, se si fanno errori si può cancellare semplicemente con una gomma	Richiede poco tempo, è semplice da utilizzare
Penne	Principiante	Usata per il monolinea e la finta calligrafia	È uno strumento minimale, ma può apparire confusionario quando si usa una penna che accumula inchiostro sulla punta. Gli inchiostri a rapida asciugatura aiutano a prevenire disastri	Richiede poco tempo, è semplice da utilizzare
Pennarelli	Principiante e intermedio	Per il lettering monolinea, la finta calligrafia e gli effetti decorativi	Può essere molto disordinato, specialmente se si utilizzano pennarelli a base di alcol come gli Sharpies e i Copic Marker. Sono strumenti eccezionali, ma tendono a macchiare le pagine	Può richiedere diverso tempo per essere padroneggiato, a seconda dello stile che si vuole utilizzare. Dovrai scegliere con cura i tuoi pennarelli se vuoi linee precise e pulite
Penne a pennello	Intermedio e difficile	Per il brush lettering	Pulita e precisa, ma gli errori non si coprono facilmente	Controllare lo spessore delle linee è difficile e richiede molta pratica
Acquerelli	Difficile	Utilizzato in tutti gli stili e per effetti decorativi	Molto disordinato, ma gli errori possono essere coperti con facilità	Richiede molta pratica e ci vuole un po' per padroneggiarlo
Gessetti	Principiante e intermedio	Usato nei monolinea e nella finta calligrafia, di solito nei segnali e nei negozi	I residui di gesso possono rendere tutto più disordinato, ma ogni errore viene cancellato con facilità con un pezzo di stoffa	Può richiedere poco tempo per essere padroneggiato, ma anche un po' di più
Pennini	Difficile	Nella calligrafia	Perde inchiostro facilmente ed è molto disordinato. Gli errori non si possono coprire	Richiede molta pratica e molto tempo per essere padroneggiato

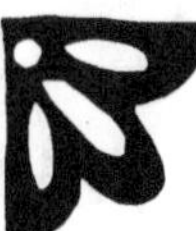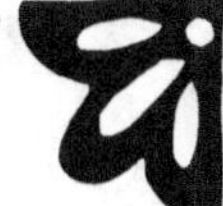

Posizione & Postura

Forse penserai che il lettering sia un buon passatempo da praticare sdraiati sul divano. Beh, non è così! La tua postura, la posizione in cui ti trovi, il modo in cui tieni la penna, le tue braccia… tutto gioca un ruolo importante nel lettering che crei.

Per prima cosa, è meglio che tu sia seduto alla scrivania. Schiena dritta contro la sedia e piedi a terra. Non essere rigido, ma mantieni una buona postura. Spalle basse, testa alta e, ricorda, piegati sul foglio, ma non troppo.

Per quanto riguarda la tua presa, invece, è importante mantenere il tuo strumento tra pollice e indice, a posare sul medio. Assicurati di mantenere la penna a 45° rispetto alla pagina e mantieni una presa sciolta. Le tue dita devono supportare il tuo strumento e mantenerlo fermo, ma è il tuo braccio che si muove. Ricorda, inoltre, che la presa varia da persona a persona e che, forse, dovrai fare qualche aggiustamento… ma seguire queste regole è un buon punto di partenza!

Consigli da Tenere a Mente

1. Rallenta!

Quando si fa del lettering è importante prendersi il tempo che serve. Andarci piano è fondamentale perché le linee possano essere tutte pulite e precise. Trova una posizione comoda e sii paziente.

2. Alza la penna

Ricorda che nel lettering la penna non deve per forza rimanere incollata al foglio, come nel corsivo. Dopo ogni tratto, che sia ascendente o discendente, alza la penna. Questo ti aiuterà a dare valore a ogni linea e far sì che la parola abbia un bell'aspetto.

3. Spaziatura

La spaziatura è importante nel lettering. Lo spazio tra le parole dev'essere consistente e dare un aspetto pulito e ordinato al tutto. Puoi utilizzare una riga e creare delle linee guida per assicurarti che ogni lettera sia uniforme. Quando avrai padroneggiato un po' la tecnica, la spaziatura diventerà una delle cose in cui potrai sperimentare meglio!

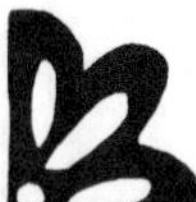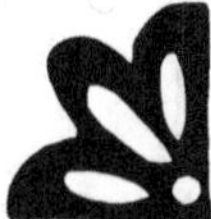

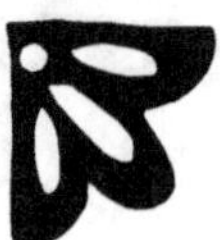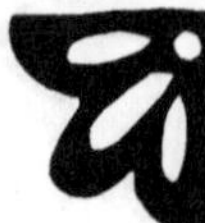

4. Lettering Mancino

Ci sono diverse tecniche per rendere il lettering più semplice anche per chi è mancino. Prima di tutto, trova una presa che ti sia comoda. Sperimenta diversi modi di tenere il tuo strumento nella mano, finché non troverai quello più comodo e funzionale. Un altro consiglio è quello di tenere un pezzo di carta sotto la mano mentre disegni, per evitare sbavature. Potresti anche prenderti del tempo in più per attendere che l'inchiostro sia del tutto asciutto. Alcuni pennarelli e penne richiedono meno tempo per asciugarsi, quindi cerca quello che funziona meglio nel tuo caso. Un ultimo consiglio: fai esperimenti anche sulla posizione del tuo foglio! Non ci sono regole sull'angolazione in cui lo posizioni. Se ruotare il foglio ti fa comodo, fai pure!

5. Sviluppa un tuo Stile

Lo stile di una persona è molto personale e può variare. Sviluppa il tuo! Il modo migliore di farlo è, però, padroneggiare per prima cosa le basi. Assicurati di avere consistenza in tutti gli stili prima di fare il passo successivo… poi sperimenta! Puoi provare ad abbellire la tua firma, modificare determinati segni, scrivere una lettera a modo tuo, utilizzare strumenti diversi per dare peso alle linee… la lista è infinita! Sperimenta sempre di più finché non troverai qualcosa che ti piace davvero tanto, quindi utilizzalo ogni volta che puoi! Vedrai che presto svilupperai uno stile del tutto personale.

6. Pazienza & Perseveranza

Sii gentile con te stesso! Ci vorrà un po' di tempo e un po' di pratica. Non sentirti scoraggiato solo perché non è perfetto al primo tentativo, al secondo o al decimo. Tieni da parte tutti i fogli su cui fai pratica, per superare la frustrazione. Mettere a confronto i tuoi primi tentativi con gli ultimi ti aiuterà a incoraggiarti! La cosa più importante, però, è non arrendersi mai!

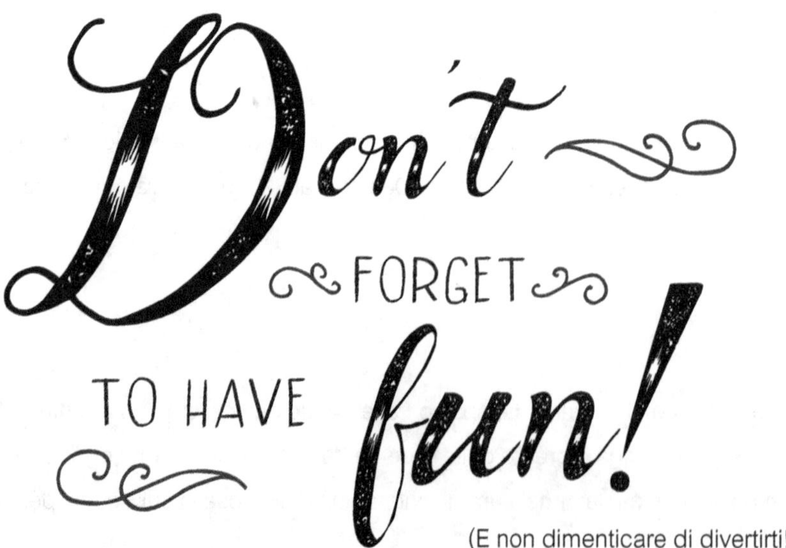

(E non dimenticare di divertirti!)

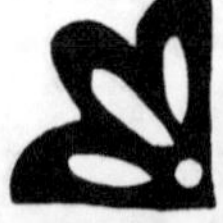

Monolinea

Il monolinea è uno degli stili di lettering più semplici. Utilizza una linea costante, senza variazioni di spessore. È adatto al grassetto e utilizzato più comunemente su insegne, cartelli, loghi e simili strumenti pubblicitari. Dato che utilizza una linea semplice, è spesso utile aggiungere al lettering monolinea abbellimenti e ghirigori. Il monolinea offre, inoltre, una buona base per l'apprendimento di tutti gli altri stili, quindi assicurati di padroneggiarlo per bene prima di continuare!

Lo strumento migliore per fare pratica con il monolinea è qualsiasi utensile che possa fornirti una linea consistente e continua. Quindi penne, matite e pennarelli a punta dura sono le scelte migliori.

Aa Bb Cc Dd Ee Ff
Gg Hh Ii Jj Kk Ll
Mm Nn Oo Pp Qq Rr
Ss Tt Uu Vv Ww Xx
Yy Zz

Per iniziare a imparare il monolinea, esercitati seguendo l'esempio delle pagine di pratica e traccia i segni secondo la direzione delle frecce. Puoi sperimentare con qualsiasi strumento a punta dura, a seconda della tua preferenza. L'importante è mantenere ogni linea consistente. Dopo ogni tratto, alza la punta della penna e riparti da dove hai lasciato… e, soprattutto, prenditi tutto il tempo che ti serve!

Aa

Bb

Cc

Dd

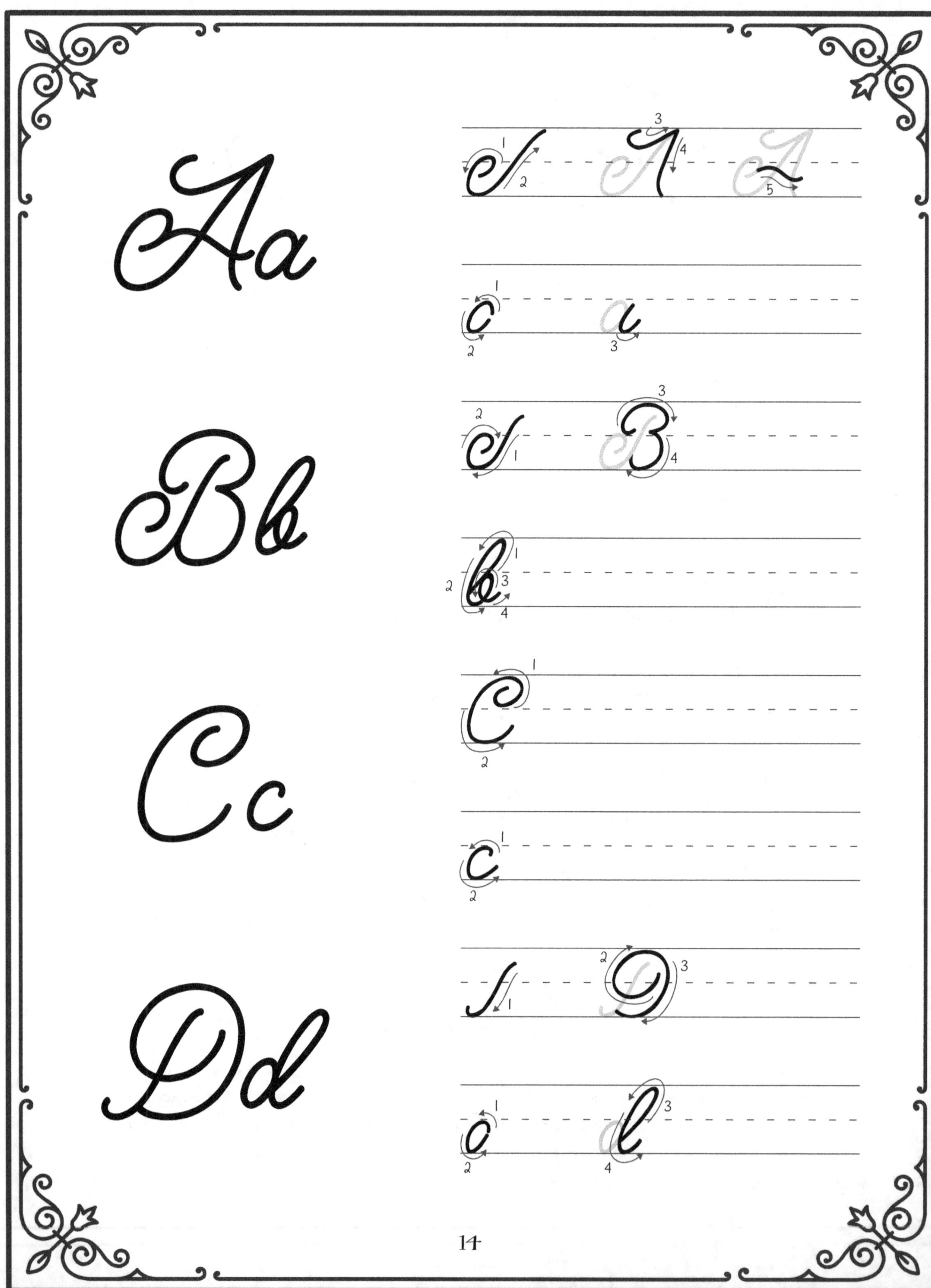

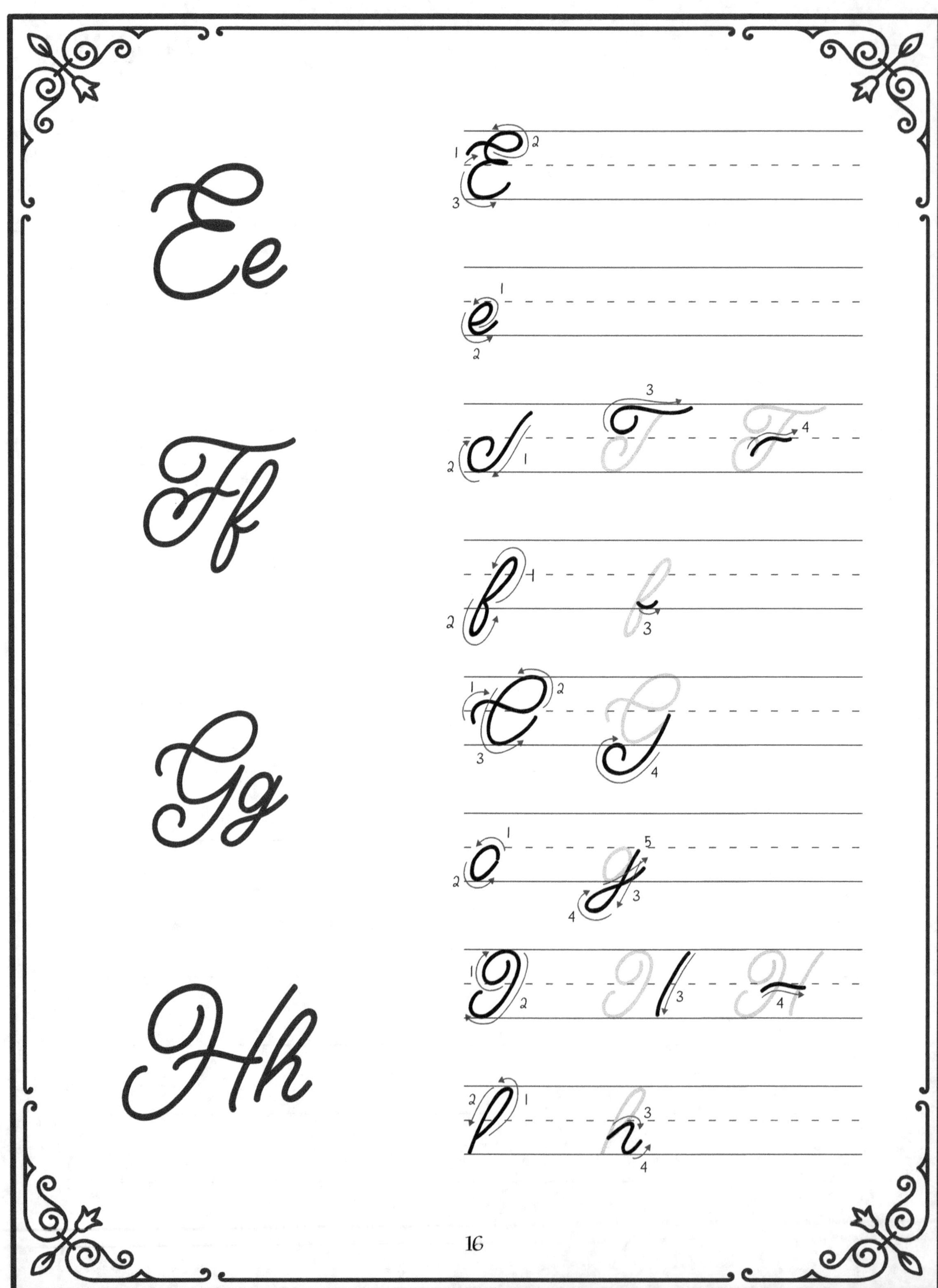

Ee
Ff
Gg
Hh

Ee Ee Ee Ee Ee Ee

Ee

Ff Ff Ff Ff Ff Ff

Ff

Gg Gg Gg Gg Gg

Gg

Hh Hh Hh Hh Hh

Hh

Jj

Ii

Jj

Kk

Ll

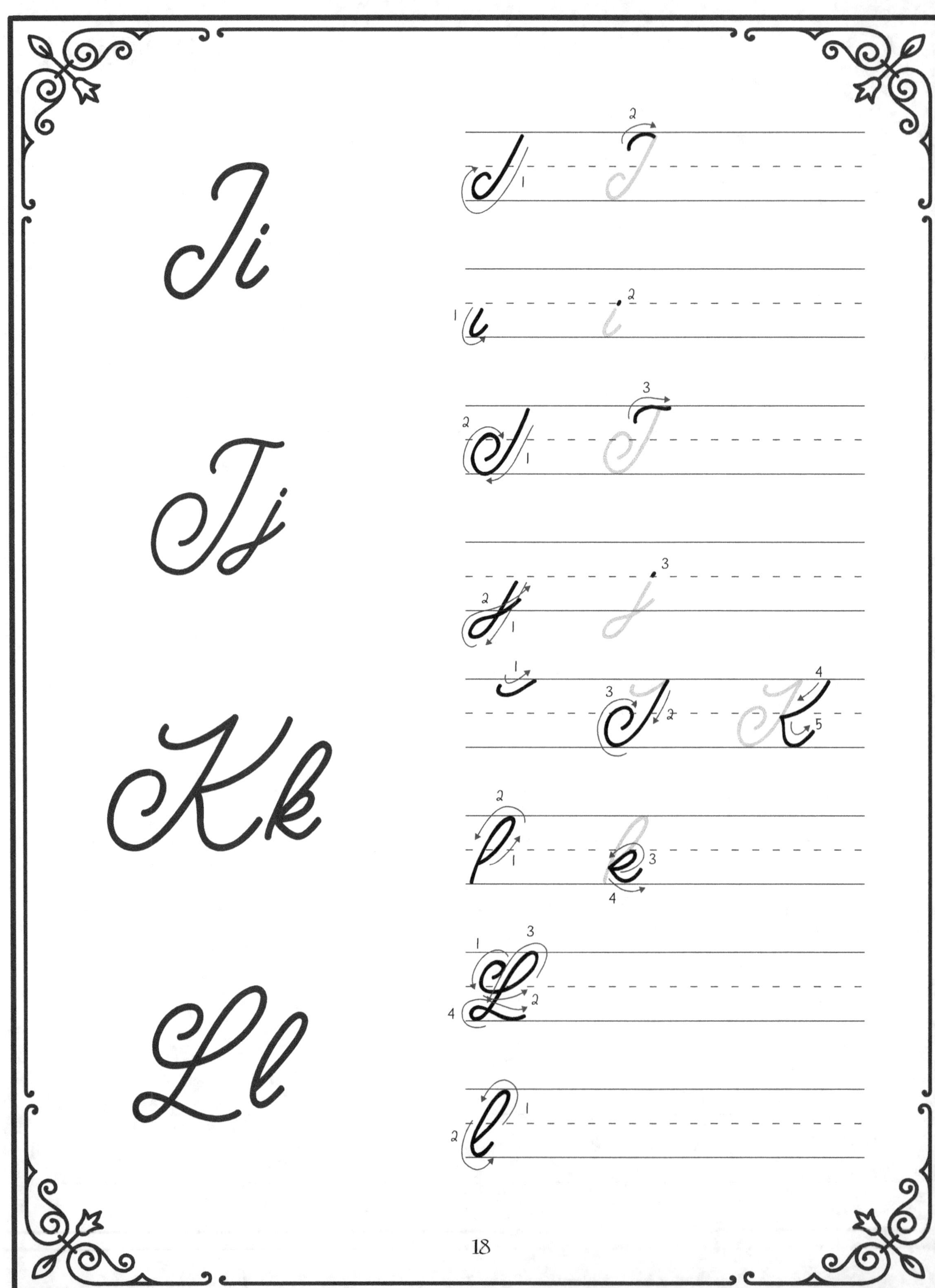

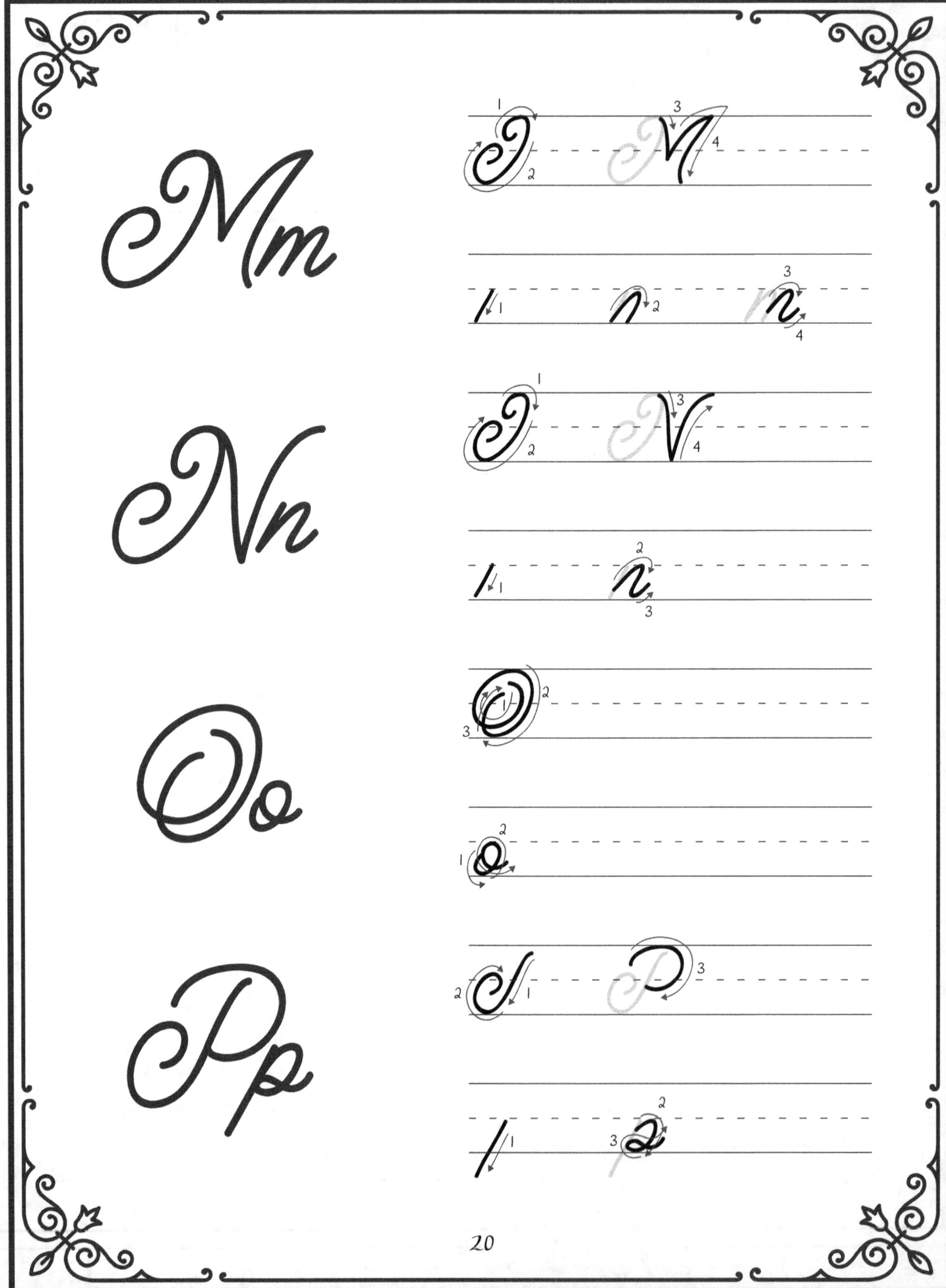

Mm

Nn

Oo

Pp

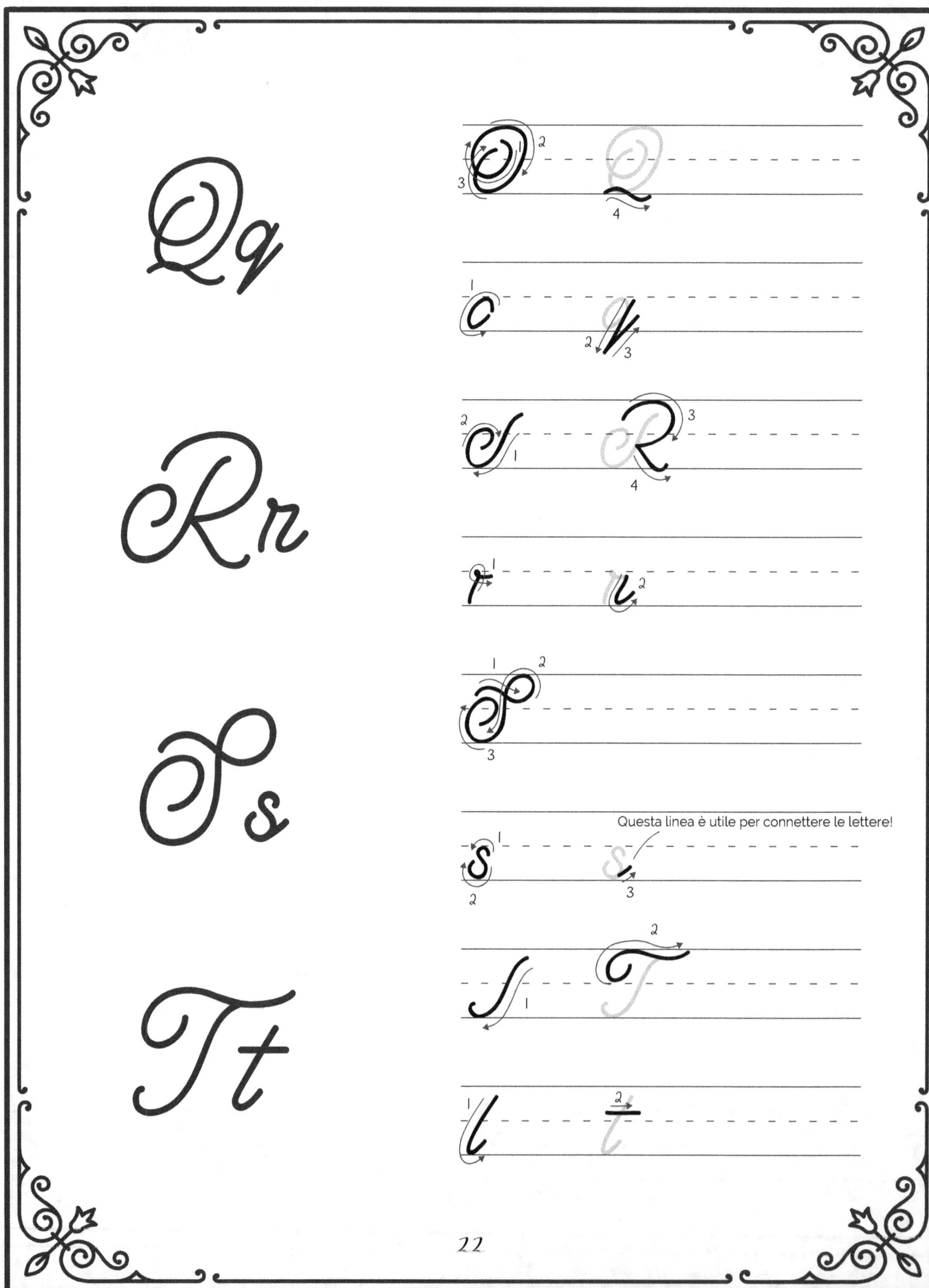

Questa linea è utile per connettere le lettere!

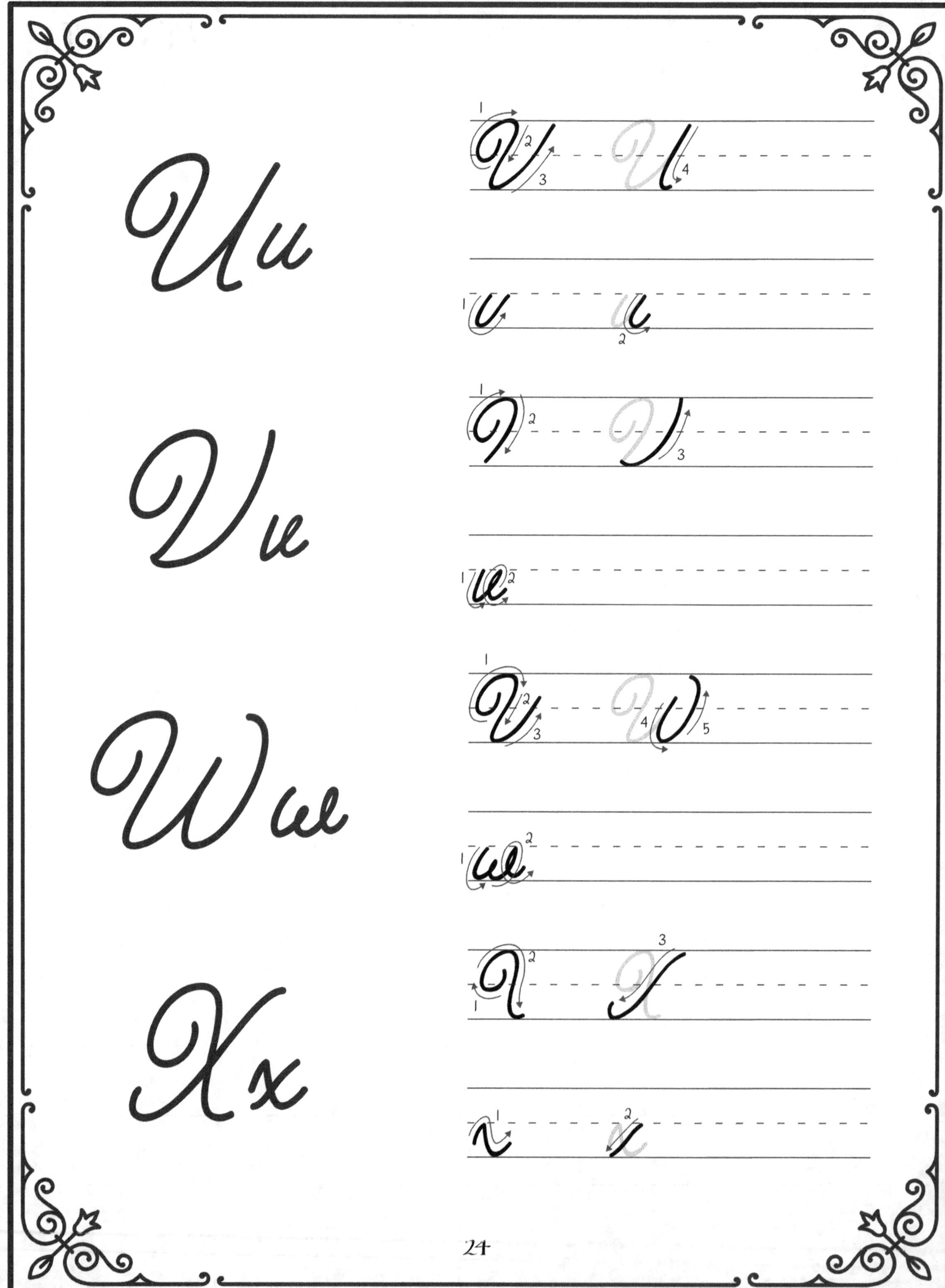

Uu

Vv

Ww

Xx

Uu Uu Uu Uu Uu Uu

Uu

Vv Vv Vv Vv Vv Vv

Vv

Ww Ww Ww Ww Ww

Ww

Xx Xx Xx Xx Xx Xx

Xx

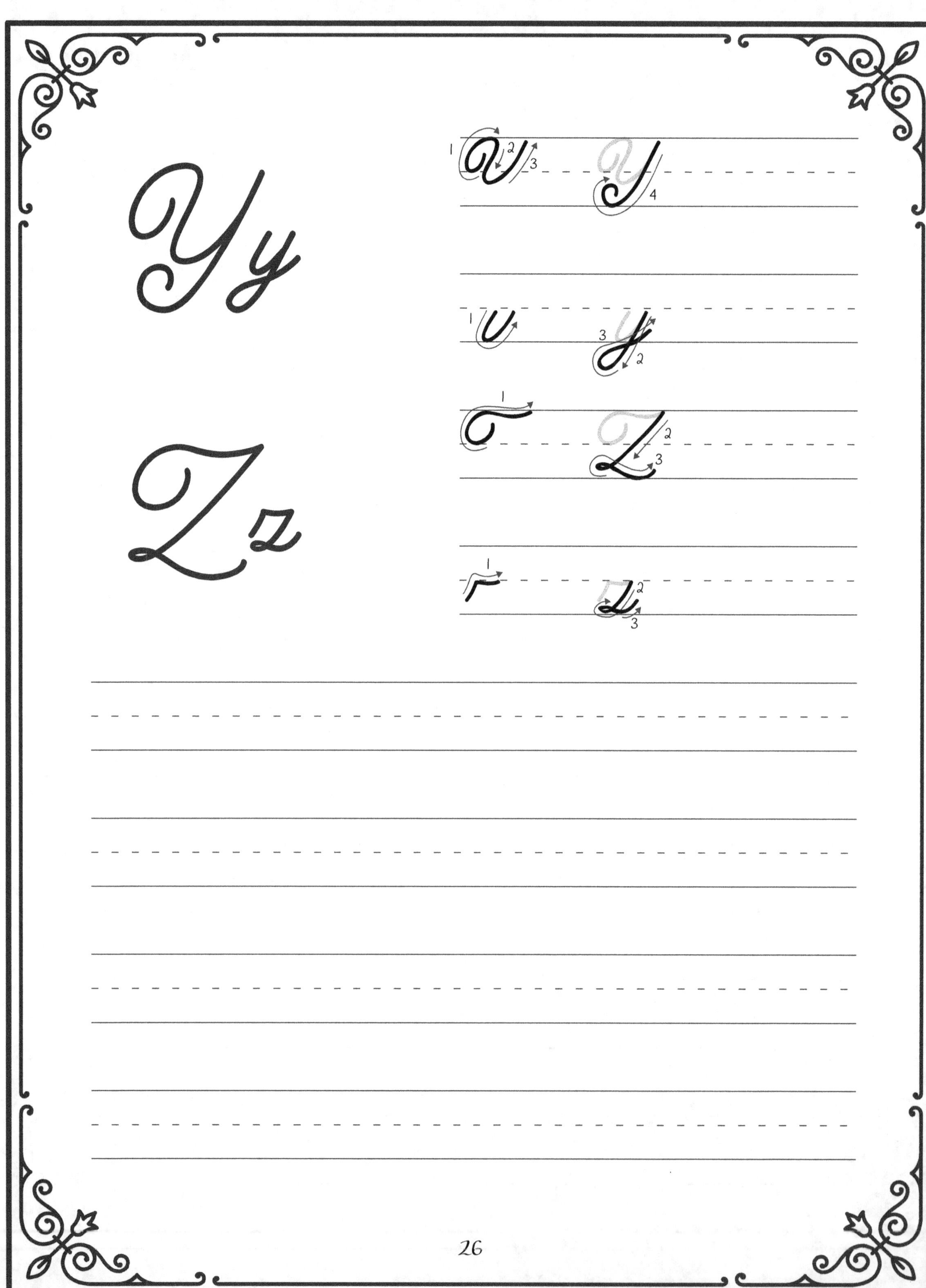

Yy

Zz

Finta Calligrafia

La finta calligrafia è uno stile che, come dice il nome, falsifica la calligrafia! In questo modo, aiuta a creare una scritta che abbia la bellezza della calligrafia, ma che non necessiti di troppo tempo a causa delle tante regole e di strumenti difficili da utilizzare. Questo stile di lettering, in generale, è scorrevole e simile sia al corsivo che alla calligrafia. È uno degli stili più utilizzati, perché è molto versatile. Si può utilizzare con qualsiasi strumento o superficie di scrittura! Qualsiasi cosa, dal vetro al legno e persino il tessuto… tutto va bene.

Lo strumento migliore per la finta calligrafia sono le penne e i pennarelli. Per iniziare, però, puoi fare pratica con una matita! Anche altri strumenti possono essere utilizzati, ma quelli citati sono i più semplici per i principianti.

Aa Bb Cc Dd Ee Ff
Gg Hh Ii Jj Kk Ll
Mm Nn Oo Pp Qq Rr
Ss Tt Uu Vv Ww Xx
Yy Zz

COME SI UTILIZZA LA FINTA CALLIGRAFIA

Prima di tutto, inizieremo spiegandoti come scrivere la lettera a.

Se scegli di riempire lo spazio tra le linee, puoi utilizzare uno strumento dalla punta più spessa. Se, invece, vuoi lasciare lo spazio bianco, usa strumenti di precisione dalla punta piccola, così il risultato sarà ottimale.

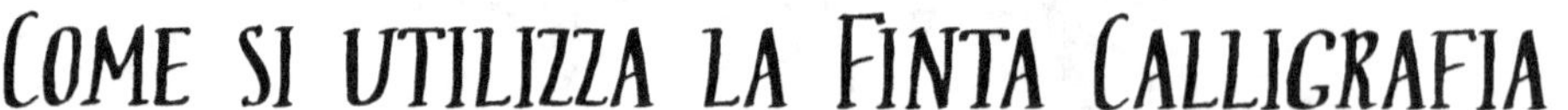

- Inizia con il tratto numero 1 e disegna un ovale aperto che rientri tra la linea media e la linea di base. Torna in alto quando hai raggiunto la linea di base e fermati all'altezza dell'inizio del tuo tratto. Alza la penna.

- Parti dal punto 3 e connetti l'ovale a una piccola "u", per scrivere la lettera a. Congratulazioni, il primo passo è fatto!

- Ora, per applicare la finta calligrafia alla tua lettera, torna alla forma ovale e traccia il tratto numero 4. Ciò serve ad aggiungere spessore, quindi traccia una nuova linea accanto alla prima, utilizzando un tratto discendente. Fai lo stesso con il tratto numero 5 e aggiungi spessore alla linea già esistente.

- A tuo piacimento, puoi lasciare lo spazio tra le varie linee bianco o riempirlo. Ed ecco qui! Una bella lettera a in finta calligrafia!

TRATTI BASE DELLA FINTA CALLIGRAFIA

Prima di disegnare le lettere per intero, fai pratica con qualche tratto base per familiarizzare con lo stile di lettering. Quando ti eserciti, parti sempre dal tratto numero 1 e segui la direzione delle frecce. Ricorda sempre che quando la penna si muove verso il basso crei un tratto discendente che andrai, poi, a rendere più spesso. Le pagine di pratica qui di seguito lasciano lo spazio tra le linee bianco: sta a te decidere se riempirlo o no.

Tratti Base della Finta Calligrafia

Tratto ascendente

Inspessisci il tratto discendente

Ora che hai familiarizzato con i tratti base, è il momento di mettere tutto insieme! Applica ciò che hai imparato a tutte le lettere dell'alfabeto e ricorda i consigli che ti abbiamo dato: sii paziente! Prenditi tutti il tempo che ti serve e padroneggia fino in fondo l'alfabeto in finta calligrafia!

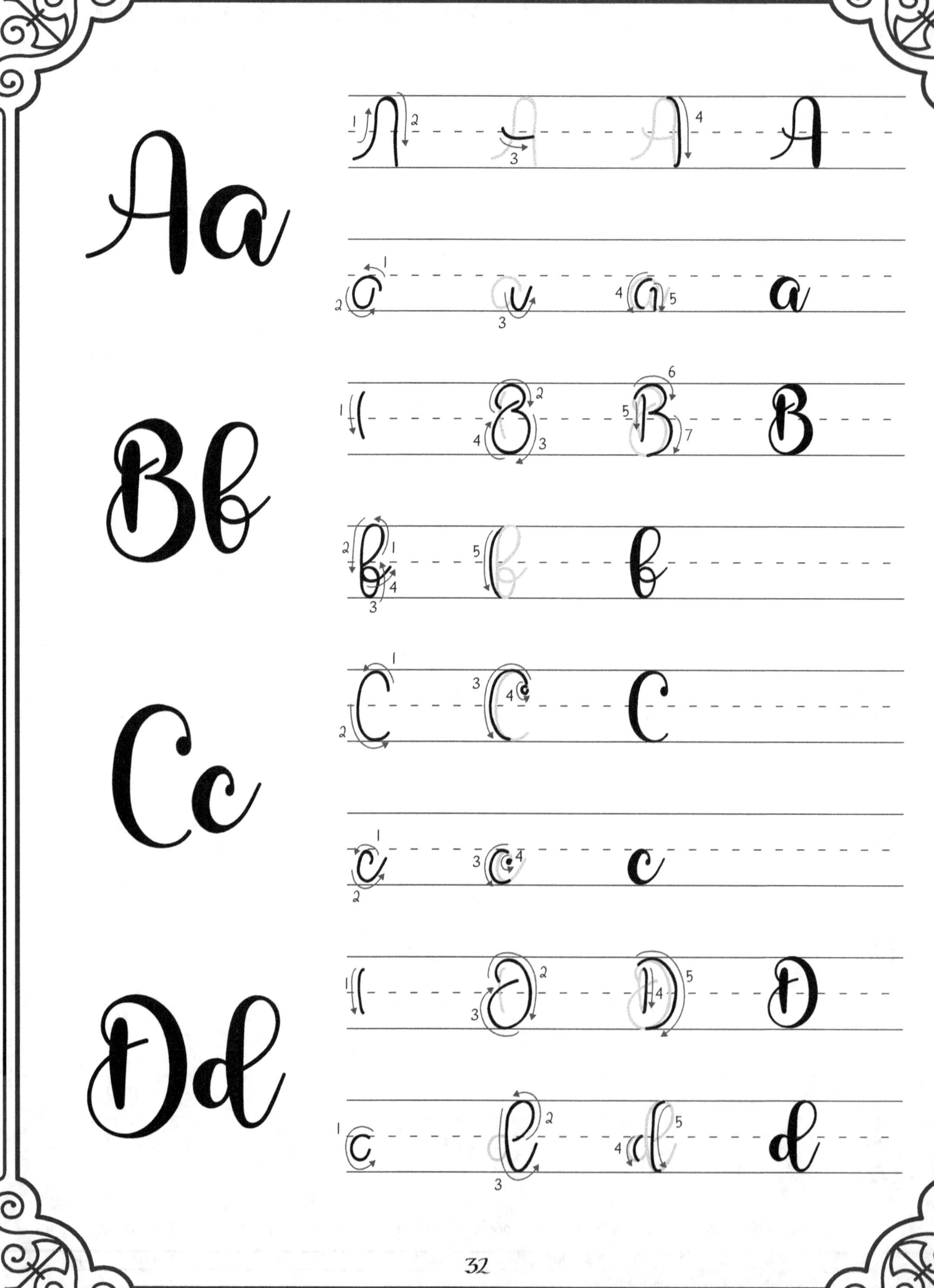

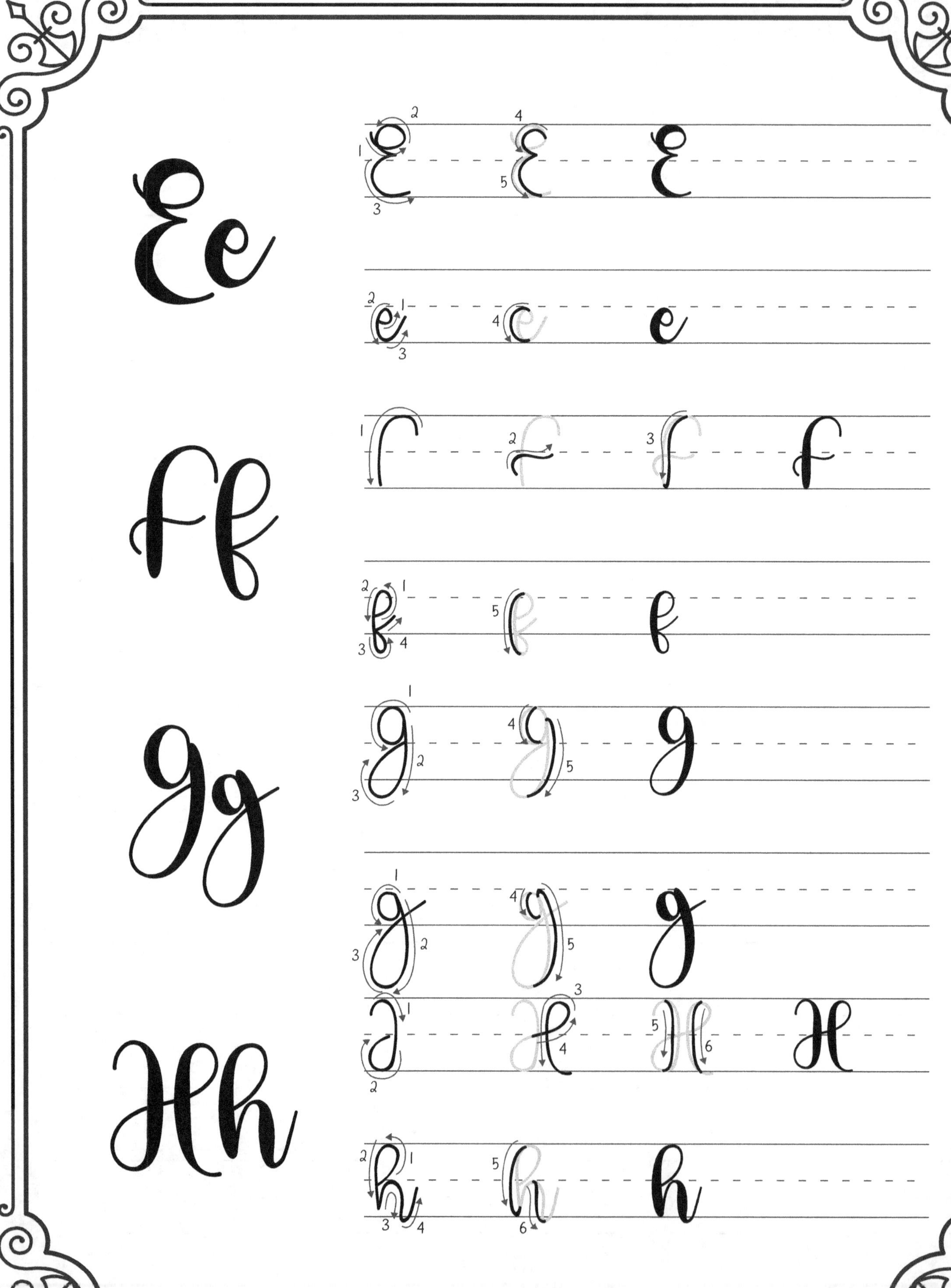

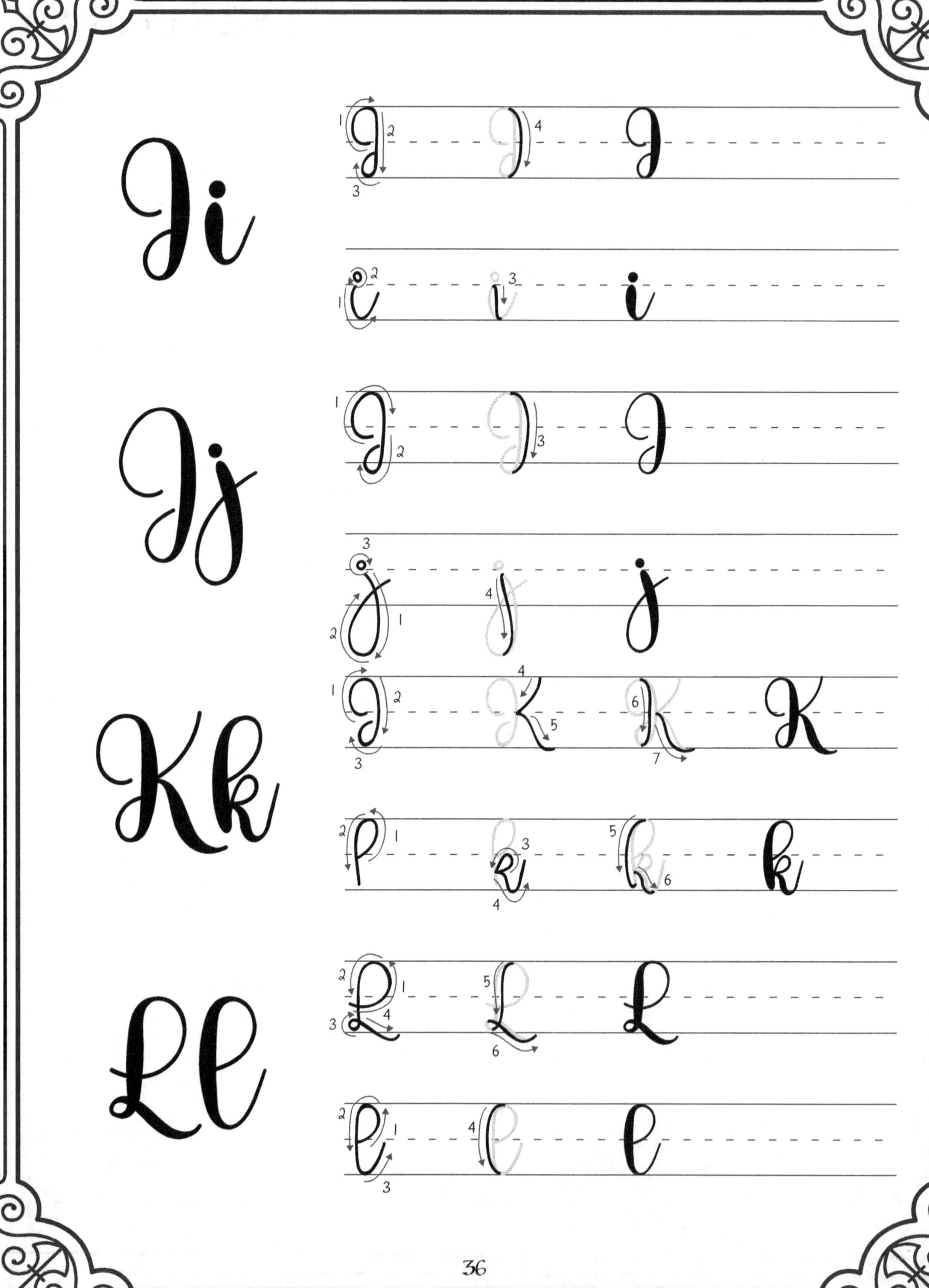

Ii

Jj

Kk

Ll

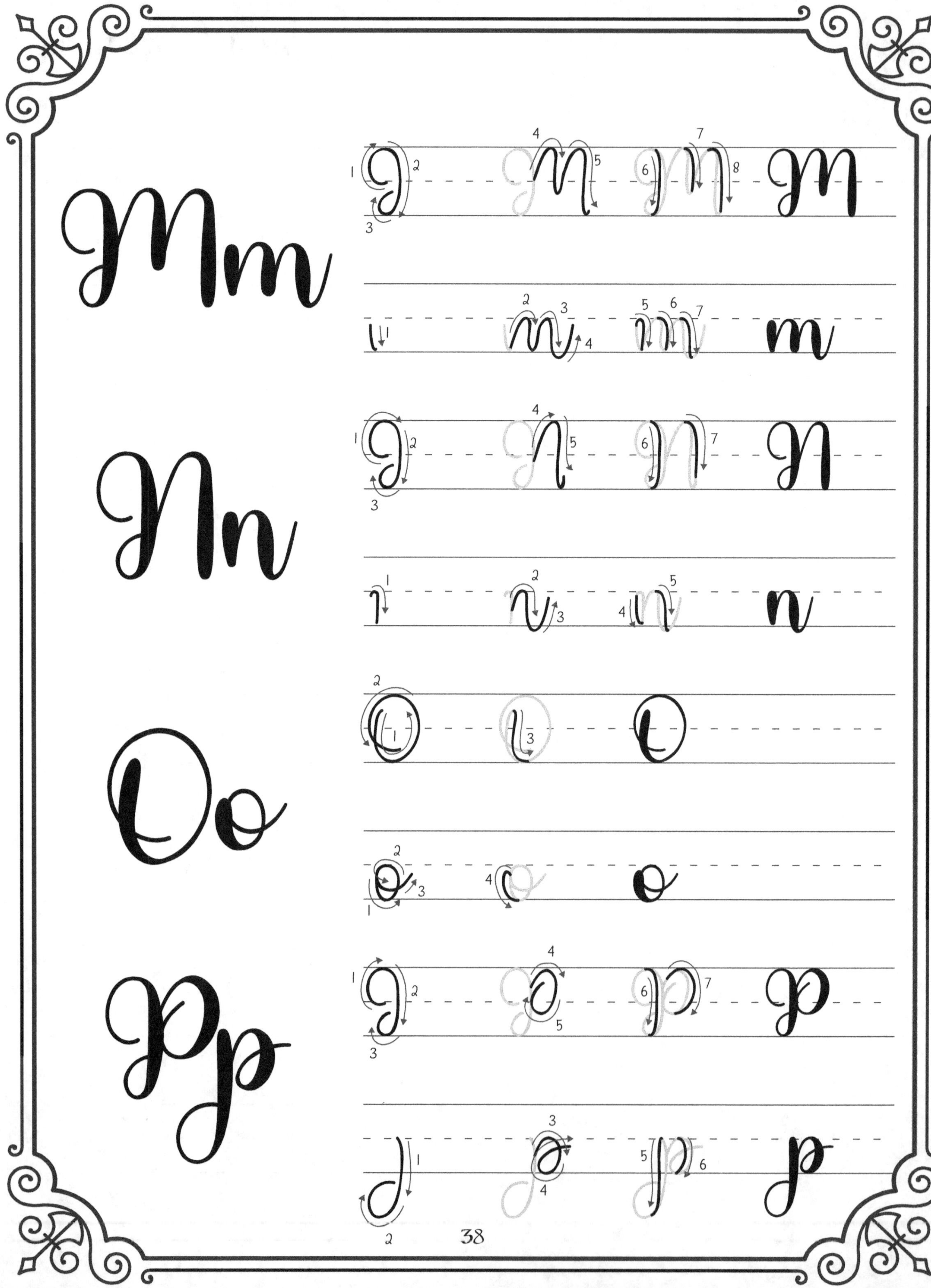

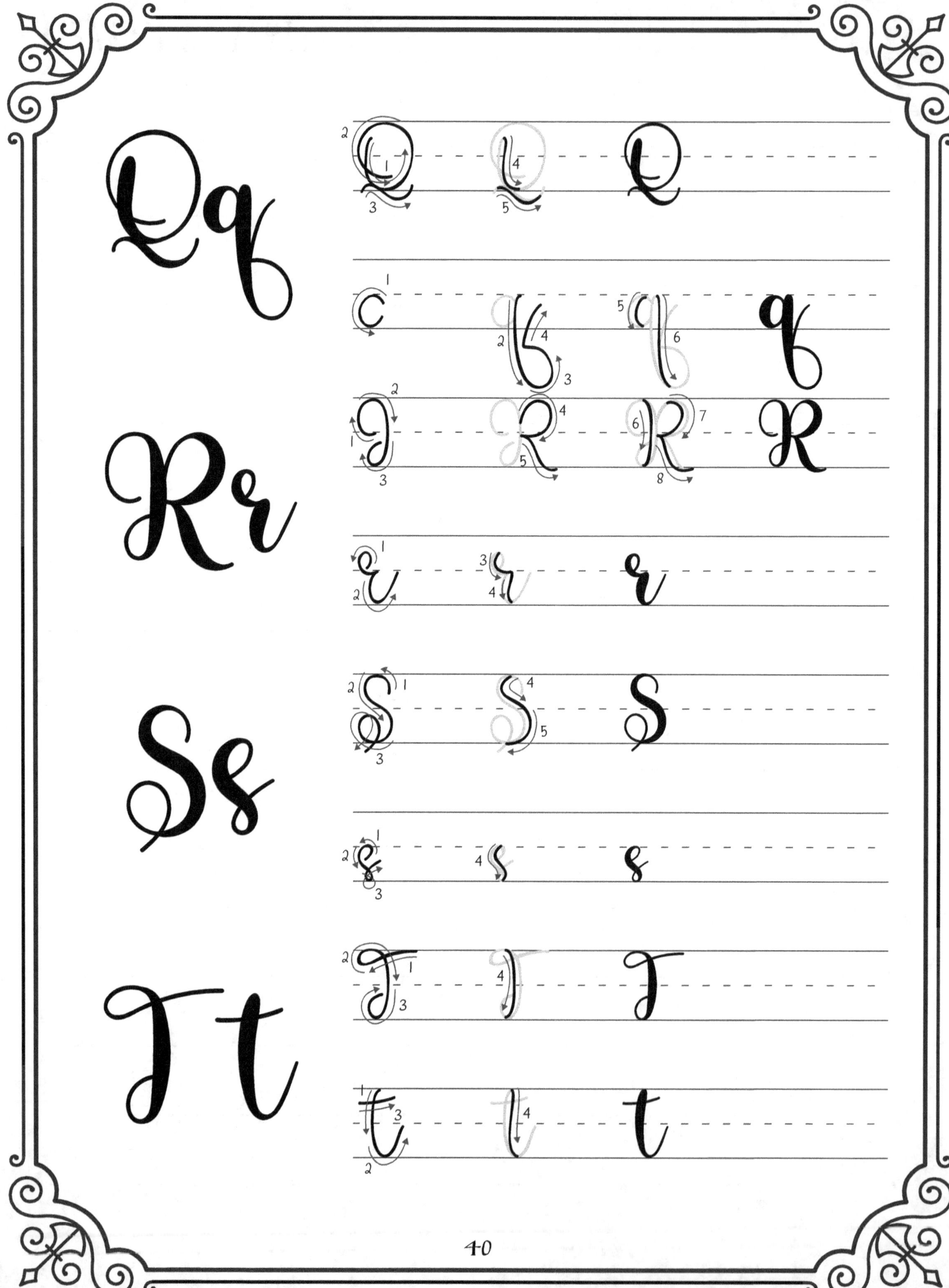

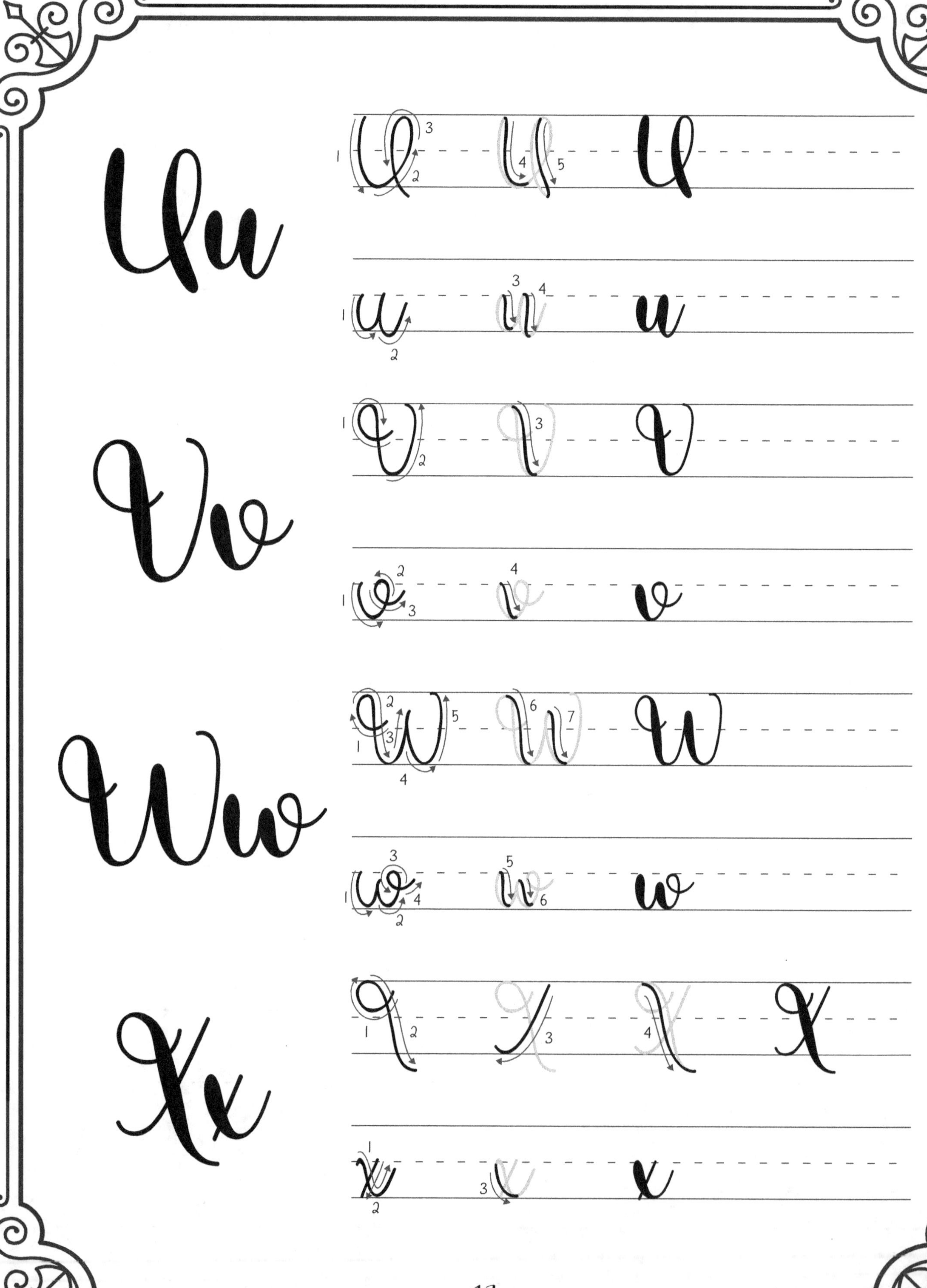

Uu
Vv
Ww
Xx

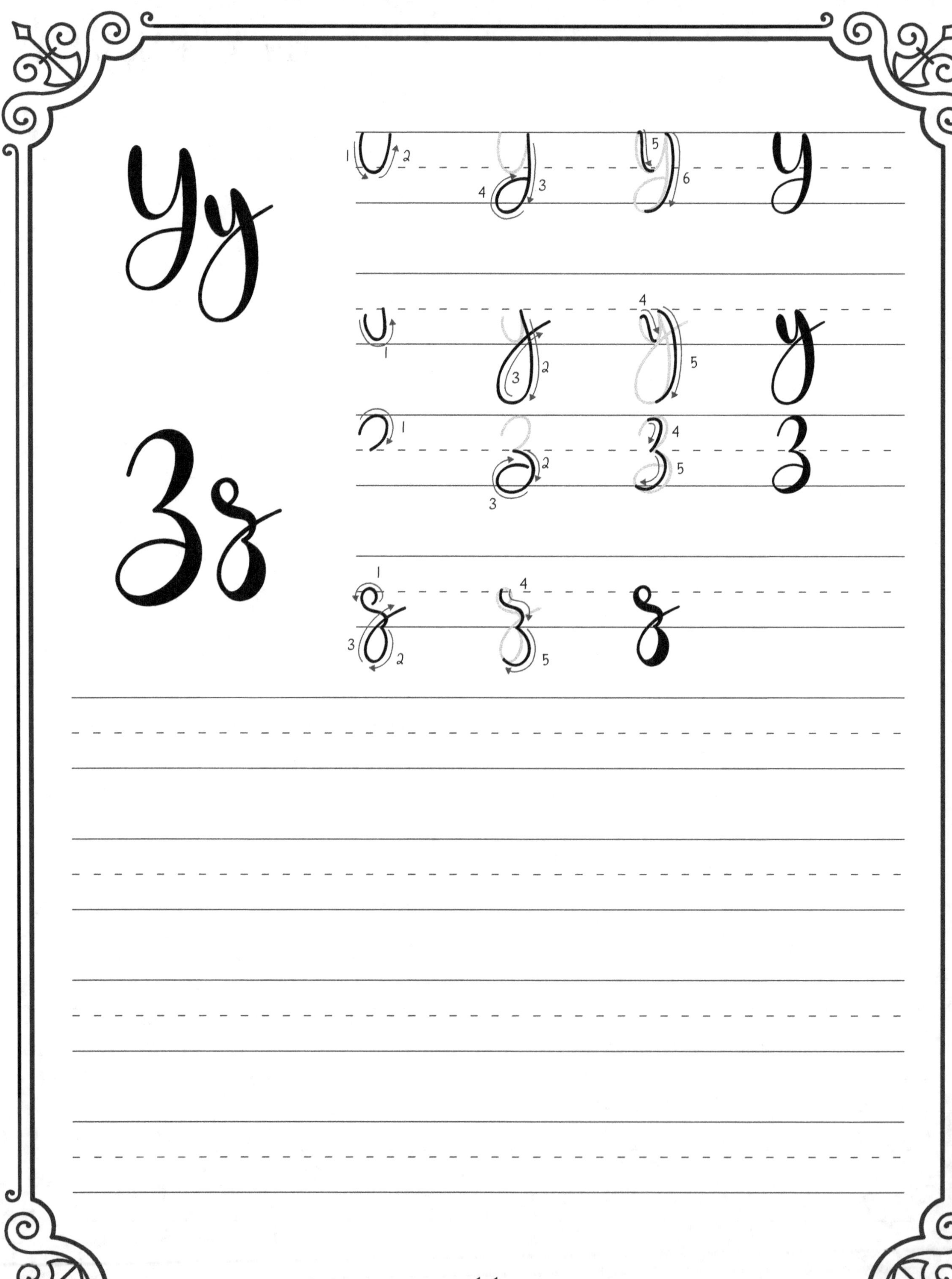

Brush Lettering

Con il brush lettering, la nostra pratica si complica un po'. Se il monolinea e la finta calligrafia ti sono già familiari, ti sarà più facile gettarti nel brush lettering, perché potrai utilizzare le abilità imparate per affinare la tua tecnica. Il brush lettering è utilizzato, di norma, nei documenti più formali o di classe, come gli inviti ai matrimoni e gli annunci di laurea.

Il brush lettering utilizza una tecnica specifica che aiuta a raggiungere la variazione del tratto, ovvero quella di applicare una pressione più o meno forte della penna, piuttosto che aggiungere altre linee come nel caso della finta calligrafia. La penna viene sollevata dopo ogni linea, come sempre, al fine di avere un controllo maggiore su ogni lettera individuale e, quindi, ottenere una maggiore consistenza del tratto. Di solito è preferibile utilizzare una penna con punta a pennello, ma è possibile usare anche i pennelli da pittura, nonostante questi siano di certo più difficili da padroneggiare.

Aa Bb Cc Dd Ee Ff
Gg Hh Ii Jj Kk Ll
Mm Nn Oo Pp Qq Rr
Ss Tt Uu Vv Ww Xx
Yy Zz

Gli 8 Tratti Base

Tratto ascendente

Inizia dal basso e disegna una linea verso l'alto. Ricorda di non premere troppo, così da avere un tratto sottile e ordinato.

Tratto discendente

Utilizzando una tecnica simile alla precedente, inizia dall'alto e disegna una linea verso il basso. Questa volta aggiungi pressione e spingi sempre di più, così che la tua linea si faccia più spessa sulla fine. Più premerai e più la tua linea sarà grossa.

Curva alta

Inizia dal basso e disegna una curva verso l'alto. Poi, senza staccare la penna, torna in basso con un tratto discendente e poni più pressione perché l'ultima parte sia più spessa. È difficile, dato che bisogna cambiare pressione in modo ordinato e costante. Prenditi il tuo tempo e fai tanta pratica!

Curva bassa

La curva bassa è il contrario di quella alta. Inizia dall'alto e disegna una curva discendente. Non dimenticarti di premere bene! Quando sarai arrivato alla fine, rilascia la pressione e disegna un tratto curvo ascendente. Ricorda di non alzare mai la penna per tutto il tratto. Prenditi il tuo tempo, ma non andare troppo piano, perché le tue mani potrebbero iniziare a tremare.

Curva composta

La curva composta è utilizzata perlopiù per connettere le lettere tra di loro. Ricorda che la penna non deve lasciare il foglio, ma continuare a muoversi per tutta la durata del movimento. Inizia dal basso e dalla sinistra, quindi traccia un tratto ascendente. Continua con un tratto curvo discendente e poi ripeti il tratto ascendente. Ricorda sempre che il tratto discendente deve essere più spesso, mentre quello ascendente più sottile, così che il risultato sarà di avere la linea centrale più grossa.

Ovale

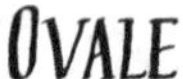

L'ovale è un cerchio semplice e allungato, che ha anch'esso una variazione di linee. Inizia dall'alto e disegna una curva discendente. Quando sei alla base, rilascia la pressione per continuare il tuo ovale verso l'alto, a connettersi con il punto da cui hai iniziato.

Anello ascendente

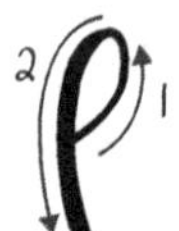

L'anello ascendente è utilizzato per le lettere che salgono oltre la linea media, come la h, la b e la d. Per iniziare, posiziona la penna nel punto che dovrebbe essere la metà della tua lettera. Inizia con una curva ascendente e poi torna giù, per fare una specie di ovale. A quel punto continua, senza alzare la tua penna, e disegna un tratto curvo discendente fino al basso. L'anello ascendente, quasi sempre, verrà poi combinato con un altro tratto perché possa creare una lettera completa.

Anello discendente

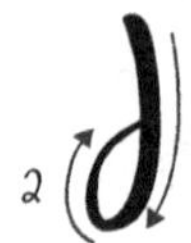

L'anello discendente segue le stesse regole di quello ascendente. È un tratto che finisce una lettera, la cui base termina sempre oltre la linea di base. Viene utilizzato per lettere come la g e la y. È anche il tratto che si abbina meglio con gli abbellimenti.

Per iniziare, posiziona la penna a metà della tua lettera e traccia una curva discendente. Continua verso l'alto, rilascia la pressione e traccia un tratto ascendente e curvo. Per chiudere la tua forma, conclude con una forma simile a quella di un ovale.

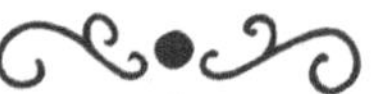

UNA VOLTA PADRONEGGIATI I VARI TRATTI, È IL MOMENTO DI FARE PRATICA NELLE PAGINE SUCCESSIVE! SE TI BLOCCHI, PUOI SEMPRE TORNARE QUI PER DISSIPARE I TUOI DUBBI.

TRATTI BASE

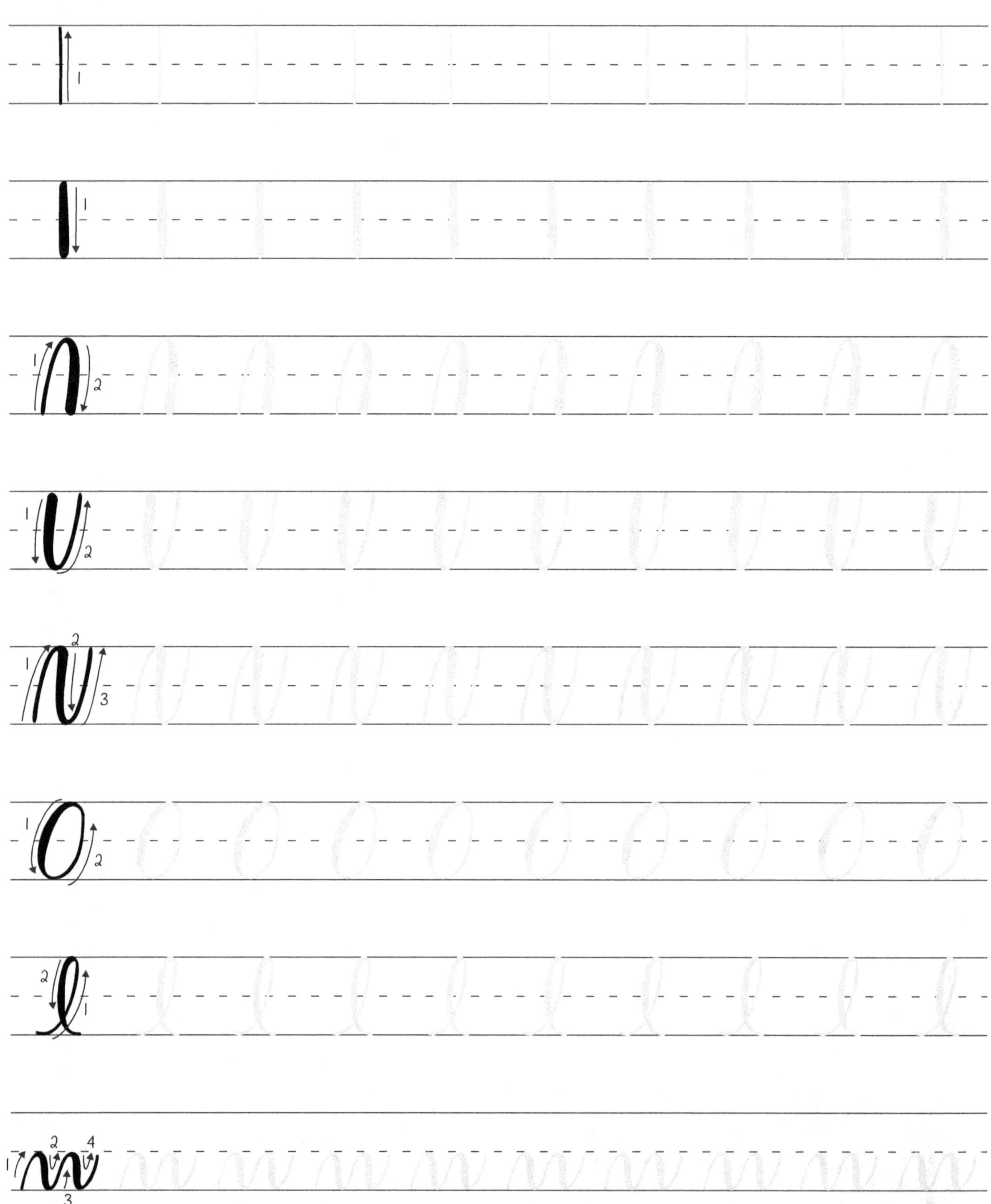

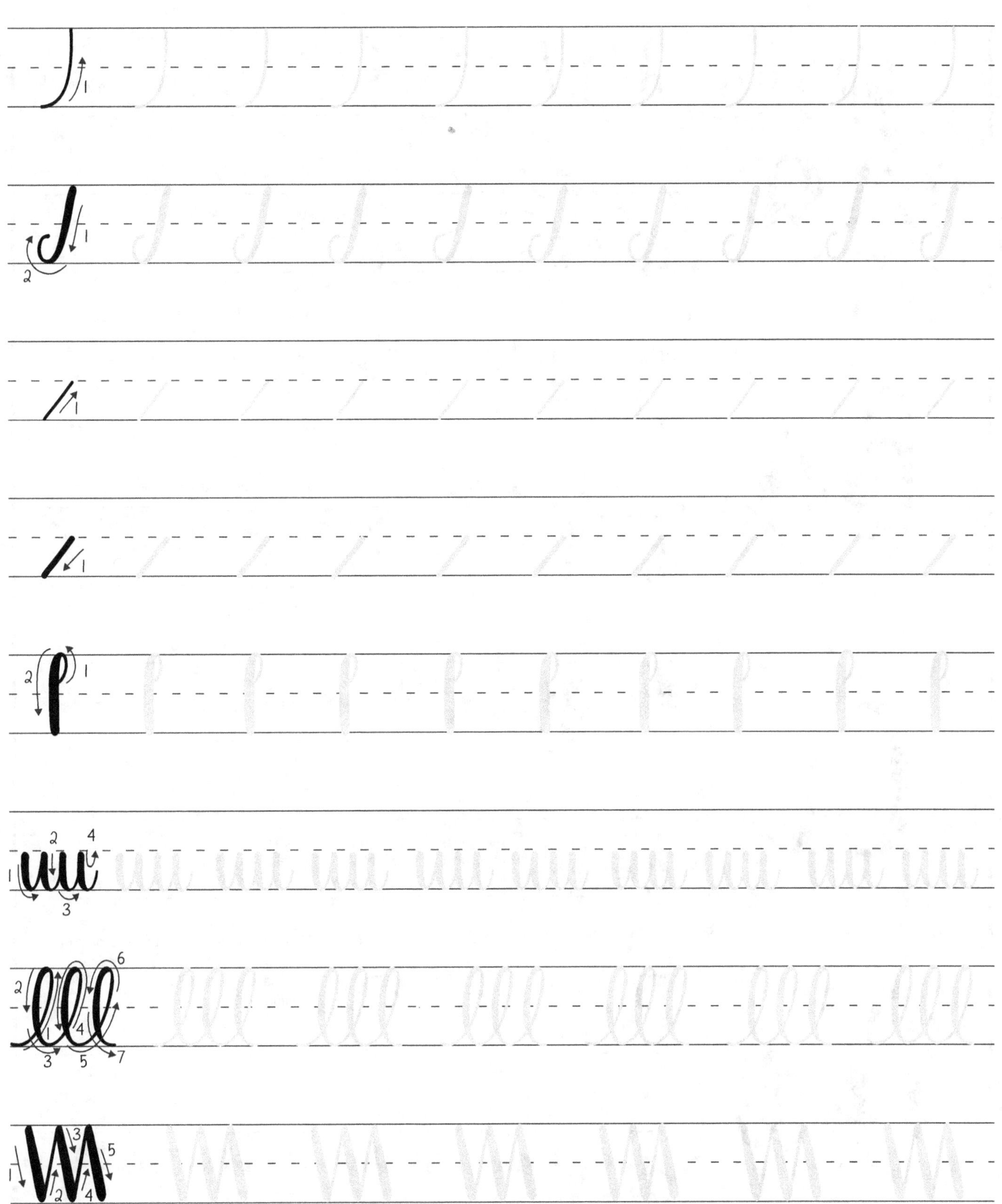

L'alfabeto in brush lettering può essere piuttosto difficile. Con così tanti tratti e termini potresti sentirti sopraffatto! Questa sezione ti aiuterà a fare più chiarezza e ti guiderà passo per passo alla creazione di ogni lettera.

Linea di capo

Linea media

Linea di base

Disegna un tratto discendente dal punto in cui quello ascendente finisce..

Disegna un tratto ascendente che si incurva all'inizio.

Aggiungi un tratto trasversale.

Disegna un ovale, lasciandolo aperto sulla parte in alto a destra.

Disegna una curva bassa che parte dall'inizio dell'ovale.

Disegna un tratto discendente.

A partire dalla cima del primo tratto, disegna lateralmente due curve in basso, perché prendano la forma di una B.

Aggiungi al precedente un anello finale.

Disegna un anello ascendente.

Disegna una curva bassa laterale a partire dal centro dell'anello ascendente.

Aggiungi al precedente un anello finale.

La C è molto simile al tratto ovale semplice, ma invece di essere chiusa rimane aperta.

Disegna una c minuscola proprio come la sua maiuscola C, l'importante è che cada tra la linea media e la linea di base.

Disegna un tratto discendente.

A partire dalla fine del tratto precedente, disegna una curva bassa laterale che inizia dalla sinistra del tratto discendente.

Aggiungi un anello finale.

Disegna un ovale che rimane aperto sulla parte alta a destra.

Disegna un anello ascendente che si connette alla parte aperta del tratto precedente.

Aa Aa Aa Aa Aa Aa

Aa

Bb Bb Bb Bb Bb Bb

Bb

Cc Cc Cc Cc Cc Cc

Cc

Dd Dd Dd Dd Dd Dd

Dd

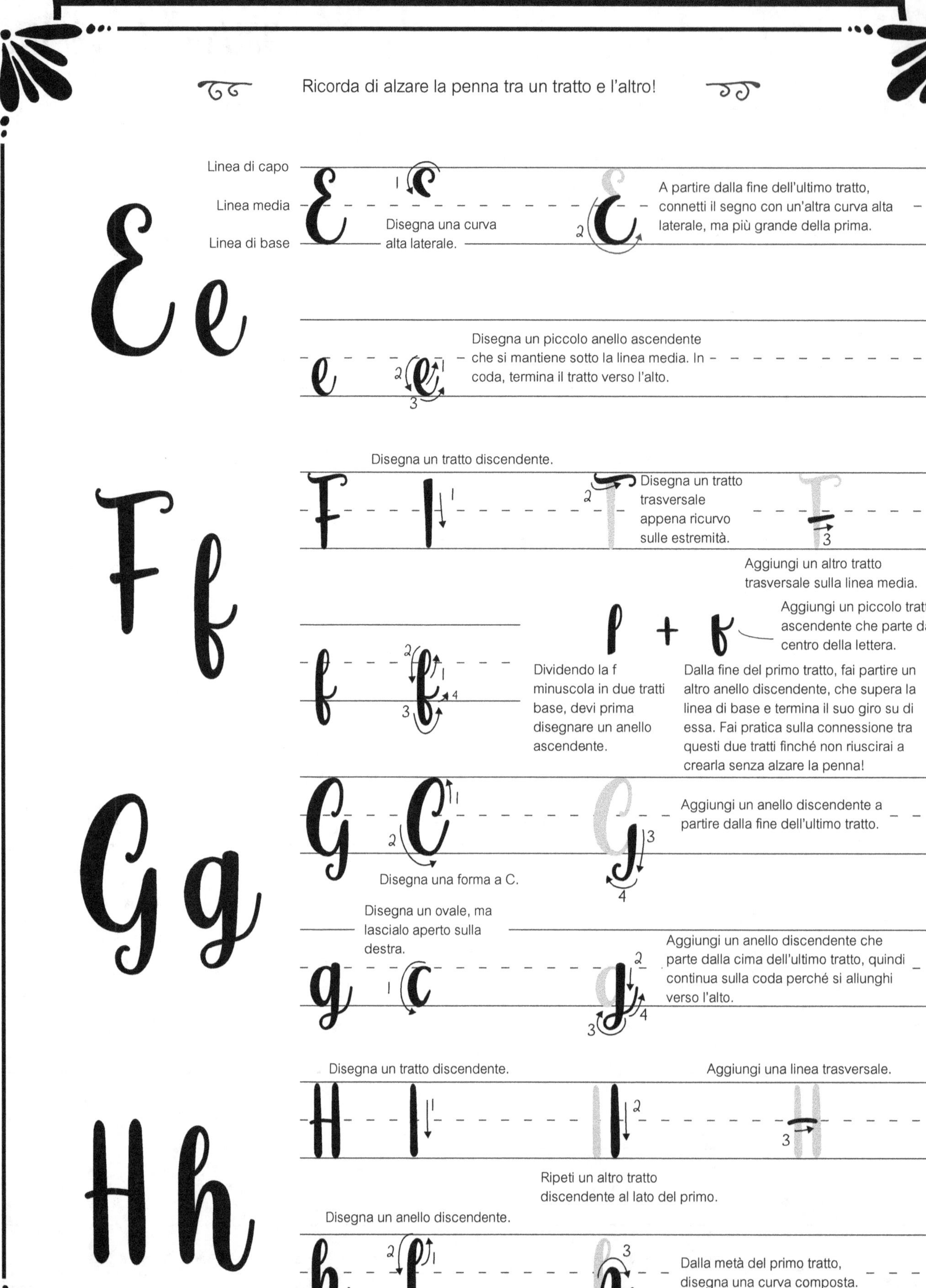

Linea di capo
Linea media
Linea di base
Disegna una curva alta laterale.
A partire dalla fine dell'ultimo tratto, connetti il segno con un'altra curva alta laterale, ma più grande della prima.
Disegna un piccolo anello ascendente che si mantiene sotto la linea media. In coda, termina il tratto verso l'alto.
Disegna un tratto discendente.
Disegna un tratto trasversale appena ricurvo sulle estremità.
Aggiungi un altro tratto trasversale sulla linea media.
P + ß
Aggiungi un piccolo tratto ascendente che parte dal centro della lettera.
Dividendo la f minuscola in due tratti base, devi prima disegnare un anello ascendente.
Dalla fine del primo tratto, fai partire un altro anello discendente, che supera la linea di base e termina il suo giro su di essa. Fai pratica sulla connessione tra questi due tratti finché non riuscirai a crearla senza alzare la penna!
Disegna una forma a C.
Aggiungi un anello discendente a partire dalla fine dell'ultimo tratto.
Disegna un ovale, ma lascialo aperto sulla destra.
Aggiungi un anello discendente che parte dalla cima dell'ultimo tratto, quindi continua sulla coda perché si allunghi verso l'alto.
Disegna un tratto discendente.
Aggiungi una linea trasversale.
Ripeti un altro tratto discendente al lato del primo.
Disegna un anello discendente.
Dalla metà del primo tratto, disegna una curva composta.

Ee Ee Ee Ee Ee Ee

Ee

Ff Ff Ff Ff Ff Ff

Ff

Gg Gg Gg Gg Gg Gg

Gg

Hh Hh Hh Hh Hh Hh

Hh

Linea di capo

Linea media

Linea di base

Disegna un tratto discendente.

Aggiungi due piccoli tratti trasversali in cima e sul fondo del primo tratto.

Disegna una curva bassa che termina sulla linea di base.

Aggiungi un puntino sopra il primo tratto.

Disegna un anello discendente.

Aggiungi un tratto trasversale che curva appena sulle estremità.

Disegna un anello discendente e, quando si incurva, allunga la coda perché vada verso l'alto.

Aggiungi un puntino sul primo tratto.

Disegna un tratto discendente.

Disegna un altro tratto discendente che si curva verso il centro del primo tratto. Dalla fine di questo segno, disegna un altro tratto discendente della stessa forma.

Disegna un anello discendente.

A metà del primo tratto, aggiungi un piccolo ovale che si connette nello stesso punto d'inizio.

Dalla connessione dell'ovale, disegna una curva bassa.

Disegna un anello ascendente.

A partire dalla fine dell'ultimo tratto, disegna un altro anello. Fai pratica nel connettere i due tratti in modo che non sia necessario alzare la penna.

Disegna un anello discendente.

Sulla coda, continua il segno perché salga verso l'alto.

Ii

Ii

Jj

Jj

Kk

Kk

Ll

Ll

Linea di capo

Linea media

Linea di base

Mm

M

Disegna un tratto ascendente che si curva sul fondo.

Dalla fine del primo segno, traccia un tratto discendente e poi uno ascendente.

Dalla fine dell'ultimo tratto, disegnane uno discendente.

A metà della precedente curva, disegna una curva composta.

m

Disegna un tratto discendente.

Dalla fine dell'ultimo tratto, traccia una curva alta.

Nn

N

Disegna un tratto ascendente che si incurva sul fondo.

Iniziando dalla fine del precedente, disegna un tratto discendente.

A partire dalla linea di capo, traccia un tratto discendente e connettilo alla fine del precedente.

n

Disegna un tratto discendente.

Dalla fine del segno precedente, disegna una curva composta.

Oo

O

Disegna un ovale che, al termine del giro, si incurva verso il centro della lettera.

o

Disegna un ovale che, verso la fine del giro, si incurva e trapassa la lettera da parte a parte. Quest'ultima linea ti sarà utile per collegare insieme le lettere di una parola.

Pp

P

Traccia un tratto discendente.

Partendo dall'esterno, traccia una curva bassa laterale che inizia dalla cima del tratto precedente e vi si riunisce a metà di esso.

Partendo dal tratto precedente, disegna una curva bassa che si connette con il segno precedente a metà di esso.

p

Disegna un tratto discendente.

Aggiungi un anello finale.

Questa lettera è quasi la stessa della O maiuscola,
l'unica differenza è la virgola sul fondo della lettera.

Linea di capo

Linea media

Linea di base

Disegna un ovale,
quindi aggiungi un
trattino sul fondo.

Disegna un ovale
aperto sulla destra.

A partire dalla cima dell'ultimo tratto,
disegna un anello discendente.

Aggiungi un piccolo segno
ascendente alla fine della
lettera.

Disegna un tratto
discendente.

A partire dall'esterno del primo tratto, in
cima, disegna una curva bassa laterale che
si connette con il tratto discendente a metà.

Disegna un tratto
discendente a partire
dall'ultimo.

Dalla linea media,
disegna una piccola
linea orizzontale.

A partire dalla fine della linea orizzontale,
disegna una curva bassa che, però, finisce
appena prima del solito.

Disegna un tratto
discendente.

Disegna un anello ascendente che non si
chiude, quindi, sulla parte bassa, aggiungi un
altro anello aperto discendente.

Come per la S maiuscola,
utilizza due anelli, ascendente e
discendente.

Alla fine dell'ultima linea, fai passare l'anello
trasversalmente alla lettera, così che si possa
connettere alla successiva in una parola.

Disegna un tratto
discendente.

Traccia un tratto
trasversale che si
curva appena.

Disegna un tratto
discendente che, sul
finale, si allunga verso
l'alto.

Aggiungi un tratto
trasversale sulla
cima della lettera.

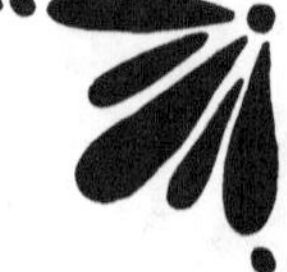

Linea di capo
Linea media
Linea di base

Disegna una curva bassa.

Disegna un tratto discendente che si connette alla curva.

Come la U maiuscola, ma più piccolo e con una coda più lunga, che sale.

Disegna un tratto discendente appena obliquo.

A partire dalla fine dell'ultimo tratto, disegna un tratto ascendente obliquo.

Quasi come la V maiuscola, ma più piccola e, sulla fine della lettera, un piccolo anello che si allunga verso l'alto sul finale.

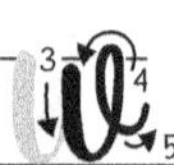

Disegna una curva bassa, che termina prima del solito.

Connessa alla precedente, disegna un'altra curva bassa.

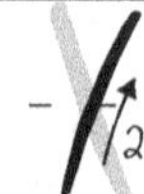

Disegna una W maiuscola, ma più piccola.

Aggiungi un anello finale.

Disegna un tratto discendente obliquo.

Dalla linea di base, disegna un tratto ascendente obliquo dall'altro lato, che incrocia il primo sulla linea media.

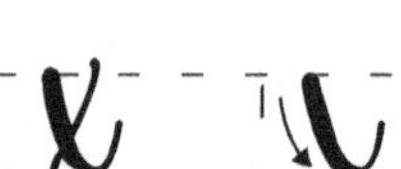

Disegna un tratto discendente curvo.

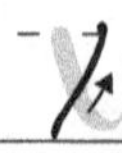

Dalla linea di base, disegna un tratto ascendente che va verso la direzione opposta e incrocia il primo sul centro.

Linea di capo

Linea media

Linea di base

Disegna una curva bassa.

Dalla fine del primo tratto, disegna un anello discendente.

Disegna una curva bassa.

Dalla fine del primo tratto, disegna un anello discendente che, sulla coda, si allunga verso l'alto.

Disegna una linea orizzontale che passa per la linea di capo.

Traccia un tratto discendente che si connette al primo.

Disegna un'altra linea orizzontale che passa per la linea di base.

A partire dalla fine dell'ultimo tratto, disegna una piccola coda e aggiungi un anello.

Disegna una curva alta.

Fai pratica qui!

Connettere le Lettere tra di Loro

Adesso che la meccanica ti è più familiare, prova a connettere insieme le lettere!

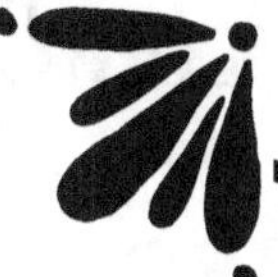

Utilizzando, per esempio, la parola inglese "happy", ovvero "felice", puoi osservare come le lettere si uniscano tra di loro in un modo piuttosto simile. La curva della h e quella della a hanno una lunghezza e una forma uguali e la meccanica di scrittura è simile. Lo spazio tra le lettere, inoltre, dovrebbe mantenere una coerenza. Come vedi, nella parola "happy", tutte le lettere hanno più o meno la stessa distanza l'una dall'altra.

Molte lettere si collegano facilmente tra di loro, ma non sempre questo è il caso. Le lettere finiscono e iniziano in modi diversi, alcune sulla linea media, altre sulla linea di base… e altre ancora non hanno un punto di connessione semplice da trovare. Quando ciò accade, prova vari modi di connettere le lettere e scegli quello che preferisci. Ecco alcuni esempi.

Unire O & M:

Unire E & R:

Troppe connessioni ad anelli e abbellimenti sarebbero da evitare, perché creano confusione nella parola. Negli esempi qui sotto puoi osservare come sia difficile distinguere le lettere, dati i troppi cerchi e anelli.

Unire V & R

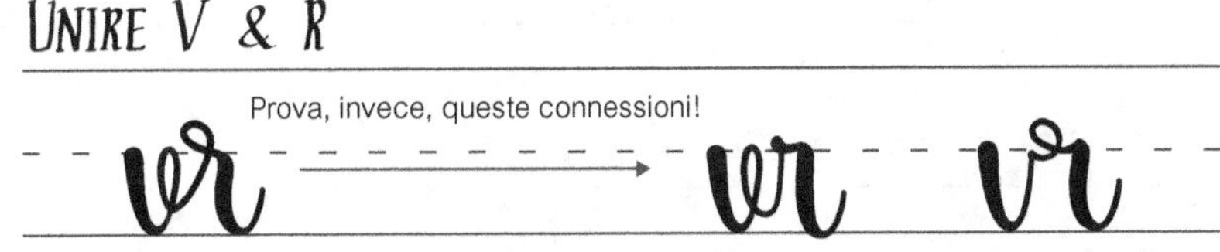

Un'ultima cosa da ricordare è che non bisogna connettere tutte le lettere. A volte puoi lasciarle separate per rendere la parola più bella da vedere, quindi fai diversi tentativi!

Connettere le Lettere tra di Loro

Usa le prossime pagine per esercitarti sulle connessioni tra le lettere!

ah

du

fe

br

er

vr

yr

wr

ki

pe

ph

ox

ll

mm

nn

ss

Connettere le lettere tra di loro

Ora che le connessioni semplici ti sono chiare, prova a scrivere queste parole più lunghe e a fare pratica!

pace

fede

luce

dolce

amore

gioia

sogno

coloré

estate

grazia

Natale

créatif

weekend

desiderio

energia

speranza

musique

bellezza

benedizione

classique

ABBELLIMENTI

Gli abbellimenti non sono facili da ideare, ma l'effetto è di certo prezioso. Sono fantastici perché una parola abbia un aspetto ancora più bello o per far risaltare un concetto nella frase. Gli abbellimenti possono essere semplici o complessi, dipende tutto dai tuoi gusti!

Di certo è bene fare pratica anche su questo. Così facendo, quando avrai padroneggiato i diversi stili di lettering, anche gli abbellimenti verranno spontanei!

Quando utilizzi decorazioni, ricorda di mantenere una presa leggera, come nel lettering di base. Muovi il tuo braccio intero, non soltanto le dita, perché le linee potrebbero farsi tremolanti… specialmente con gli abbellimenti più grandi. Per quanto riguarda le linee nello specifico, è meglio che due o più linee spesse non si incrocino mai, quindi non tentare di metterne troppe in uno spazio ristretto.

Ecco cinque idee per aggiungere abbellimenti alle tue parole.

ANELLI ASCENDENTI
su lettere come b, d, f, h, k ed l

FINALE DI UNA PAROLA

ANELLI DISCENDENTI
su lettere come f, g, j, p, y e z

BASE DI UNA PAROLA

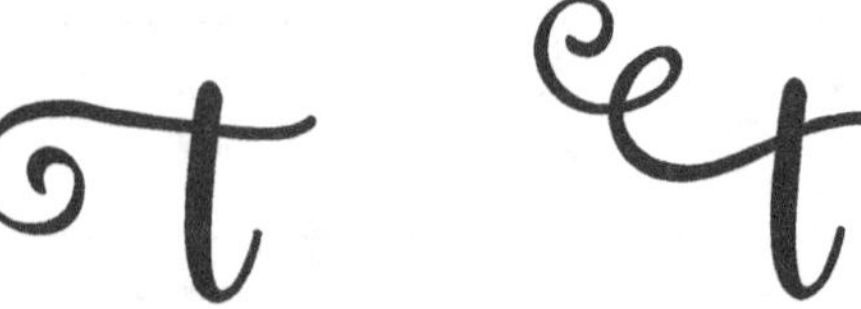

TRATTI TRASVERSALI

Le prossime pagine possono servirti da guida per esercitarti in alcuni abbellimenti diversi. Per andarci piano, utilizza prima di tutto una matita oppure una penna nel caso dello stile monolinea. Quando sarai più a tuo agio, poi, potrai iniziare a creare linee più varie con una penna a pennello.

ABBELLIMENTI

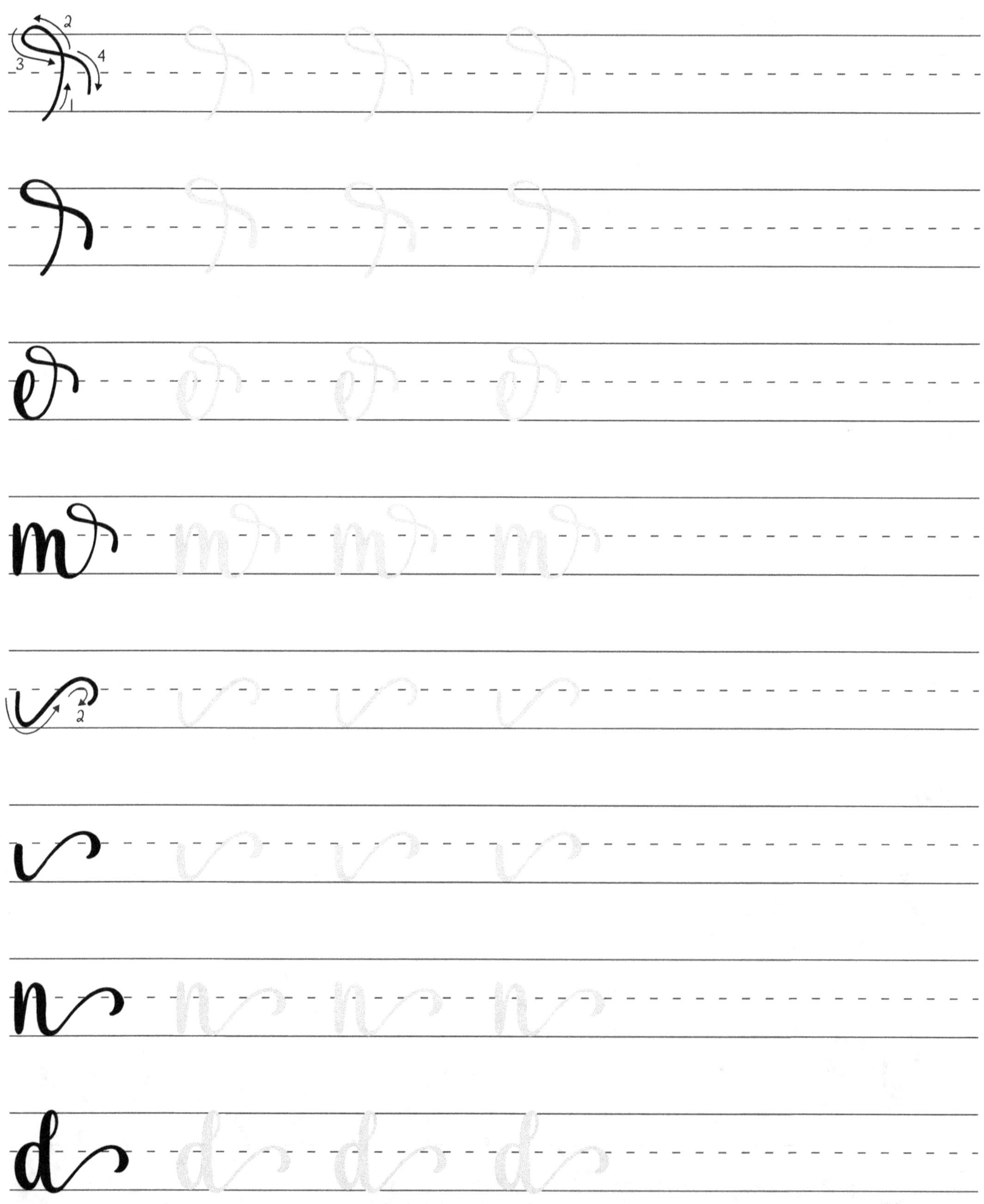

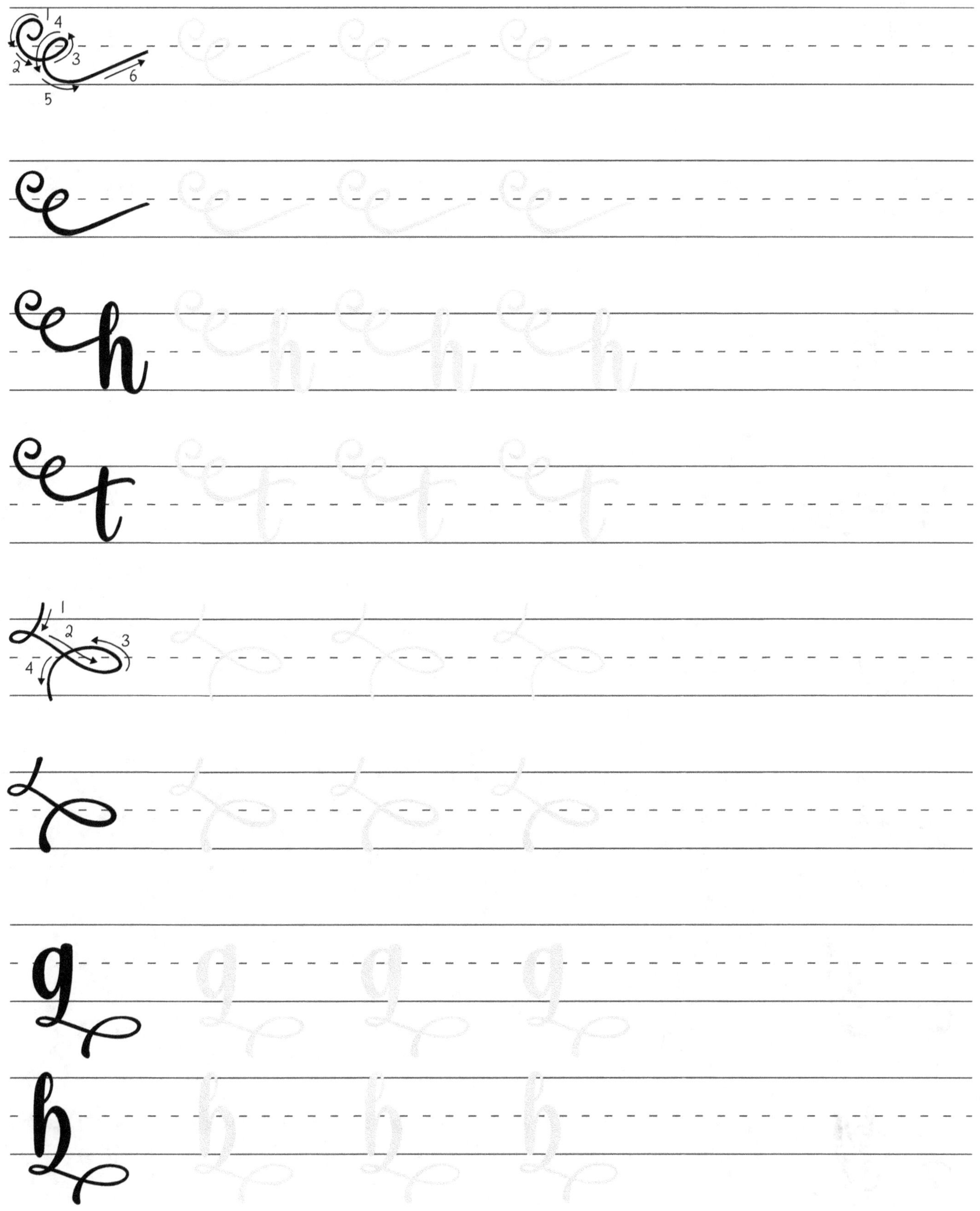

ABBELLIMENTI

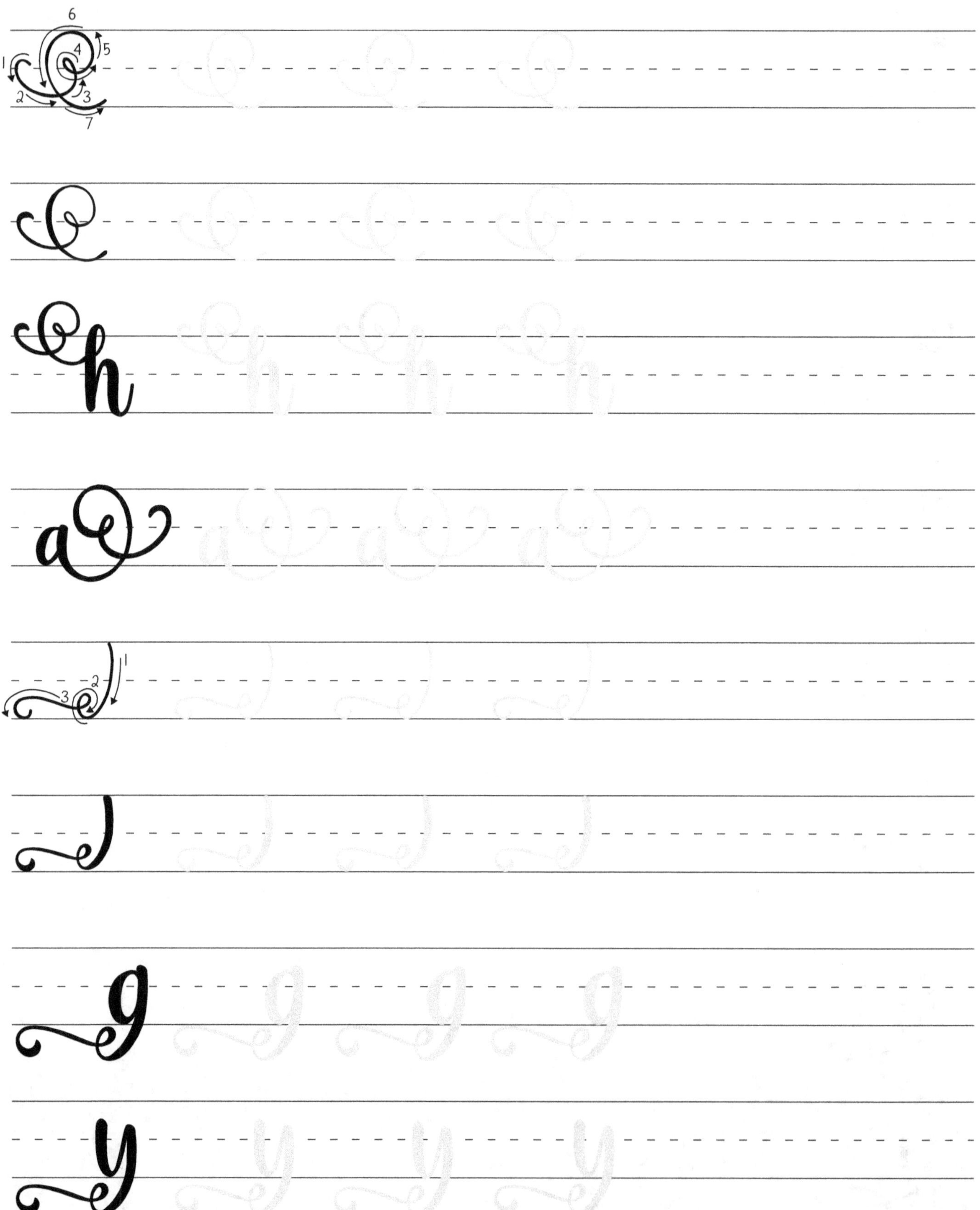

Sans Serif

Il sans serif è un tipo di scrittura semplice da imparare, nonché una valida aggiunta alle tue conoscenze! Può variare molto di lettera in lettera, puoi rendere la scrittura più stretta o larga, alta o bassa… così da dargli uno stile diverso ogni volta! È uno stile minimalistico e ordinato, il migliore da aggiungere a tutti gli altri stili e che fa da contrasto a quelli più articolati. Il sans serif ha un aspetto molto semplice, diretto e deciso.

Aa Bb Cc Dd Ee Ff
Gg Hh Ii Jj Kk Ll
Mm Nn Oo Pp Qq Rr
Ss Tt Uu Vv Ww Xx
Yy Zz

Può essere praticato con qualsiasi strumento… qualsiasi cosa possa rendere linee ordinate e consistenti. Le penne e i pennarelli, come sempre, sono i più utilizzati, ma anche matite, colori e pastelli a cera sono una buona scelta.

USA LE PROSSIME PAGINE PER FARE PRATICA CON IL TUO SANS SERIF!

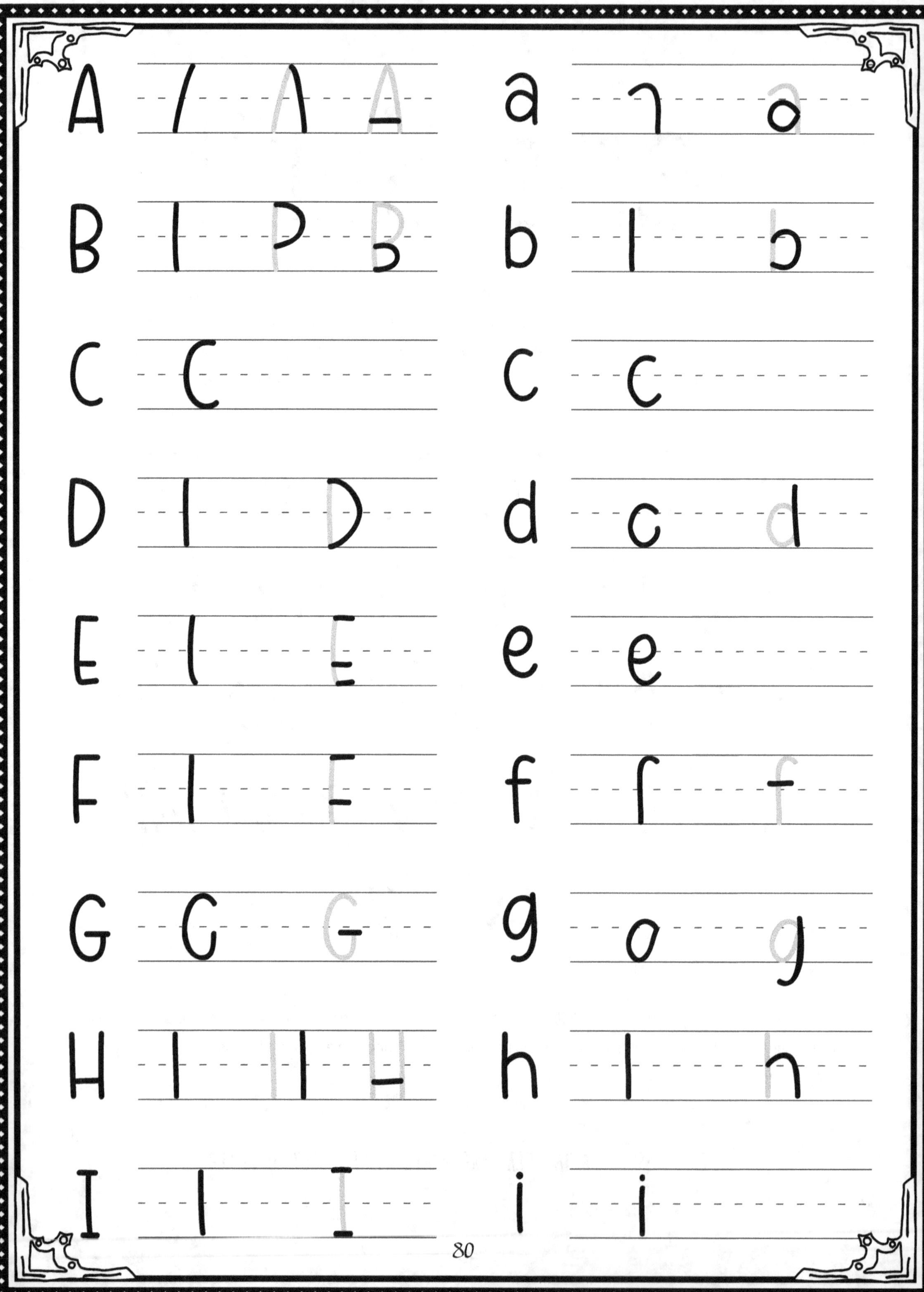

Aa   Aa   Aa

Bb   Bb   Bb

Cc   Cc   Cc

Dd   Dd   Dd

Ee   Ee   Ee

Ff   Ff   Ff

Gg   Gg   Gg

Hh   Hh   Hh

Ii   Ii   Ii

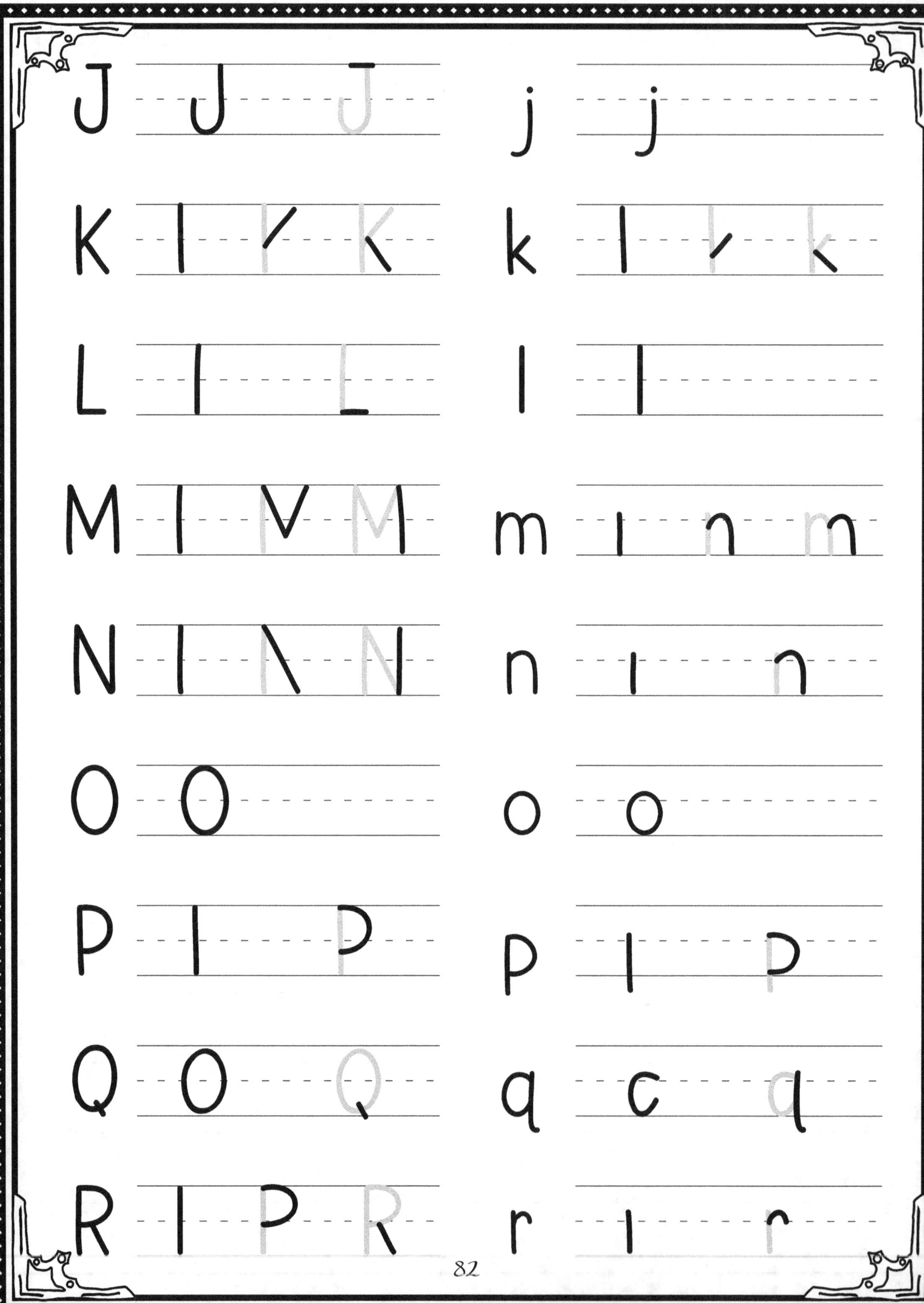

J J J J j j j
K K K K k k k k
L L L L l l l
M M M M m m n m
N N N N n n n n
O O O o o o
P P P P p p p p
Q Q Q q c q
R R P R r r r

Jj Jj Jj

Kk Kk Kk

Ll Ll Ll

Mm Mm Mm

Nn Nn Nn

Oo Oo Oo

Pp Pp Pp

Qq Qq Qq

Rr Rr Rr

S S S   s s s

T T T   t t t

U U U   u u u

V V V   v v v

W W W   w w w

X X X   x x x

Y Y Y   y y y

Z Z Z   z z z

Ss   Ss   Ss

Tt   Tt   Tt

Uu   Uu   Uu

Vv   Vv   Vv

Ww   Ww   Ww

Xx   Xx   Xx

Yy   Yy   Yy

Zz   Zz   Zz

Fai pratica qui!

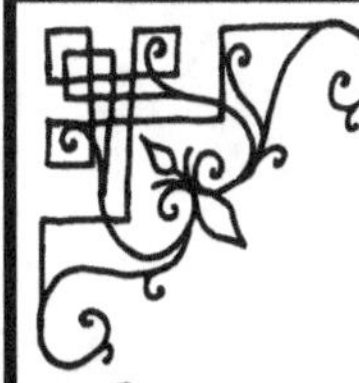
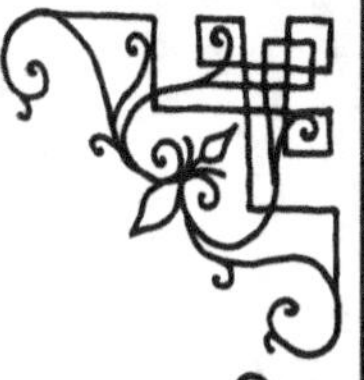

SERIF

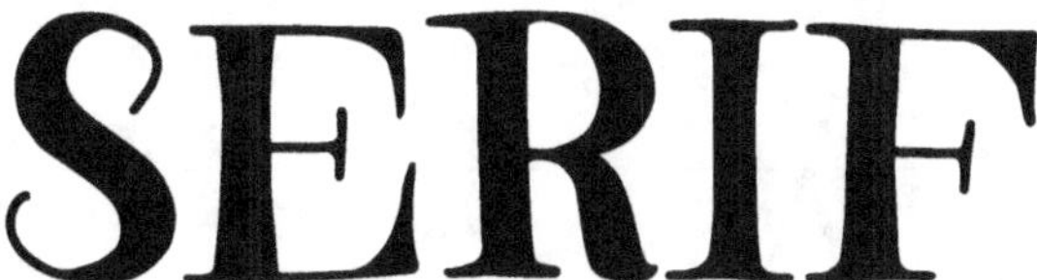

Il serif ha la stessa struttura di base del sans serif, ma un aspetto molto diverso. Nel serif vengono aggiunte piccoli trattini alle lettere che rendono le parole più interessanti a livello visivo. Il serif, di norma, ha un aspetto più simile a quello delle scritte digitate ed è più difficile da riprodurre del sans serif.

Gli strumenti più utilizzati sono gli stessi che si usano per il sans serif. Penne e pennarelli sono una scelta eccellente. Qualsiasi strumento di precisione, però, può essere utilizzato al meglio, perché ti aiuteranno a dare la giusta grandezza e consistenza al tuo tratto.

Aa Bb Cc Dd Ee Ff
Gg Hh Ii Jj Kk Ll
Mm Nn Oo Pp Qq Rr
Ss Tt Uu Vv Ww Xx
Yy Zz

Per disegnare in serif, devi mettere in pratica molte delle abilità che hai già imparato. Assicurati di aver padroneggiato tutto ciò di cui abbiamo parlato nelle pagine precedenti! E adesso guarda cosa succede alla prima lettera del nostro alfabeto, la a.

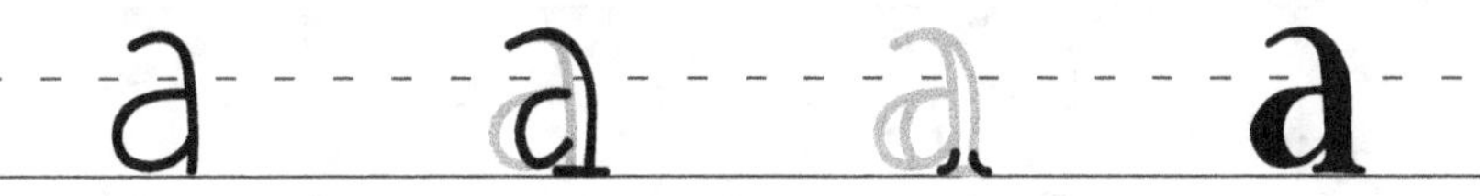

1. Parti con lo scrivere la tua lettera in sans serif. Mantieniti sul semplice monolinea!

2. Aggiungi una base alla linea che tocca terra e un po' di spessore a mano, proprio come faresti con la finta calligrafia.

3. Da entrambi i lati della lettera, ammorbidisci il tratto con due segni che andranno a formare i nostri serif.

4. Riempi la lettera. Ecco qui una a in serif!

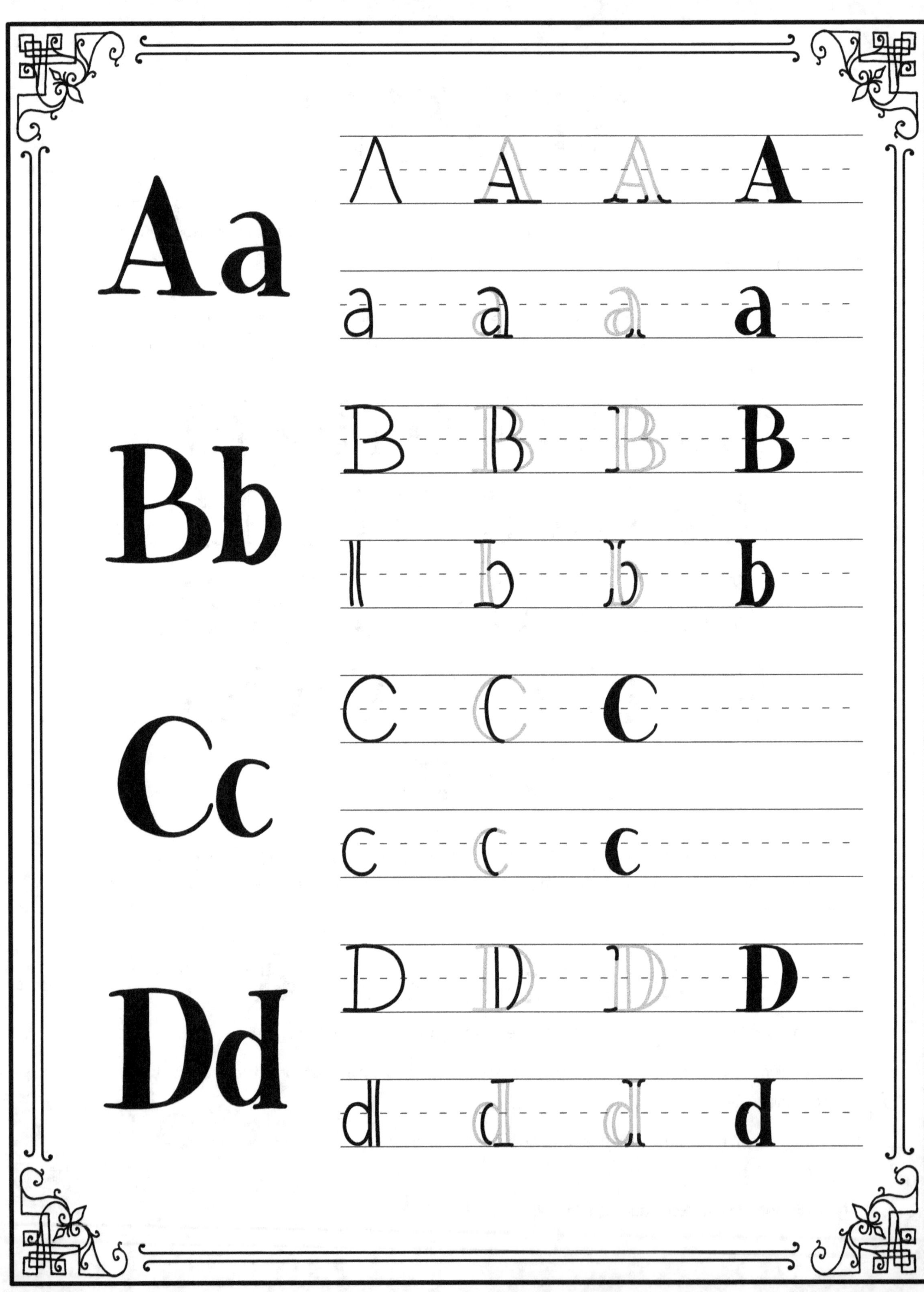

Aa
Bb
Cc
Dd

Aa Aa Aa Aa Aa Aa

Aa

Bb Bb Bb Bb Bb Bb

Bb

Cc Cc Cc Cc Cc Cc

Cc

Dd Dd Dd Dd Dd Dd

Dd

Ee

Ff

Gg

Hh

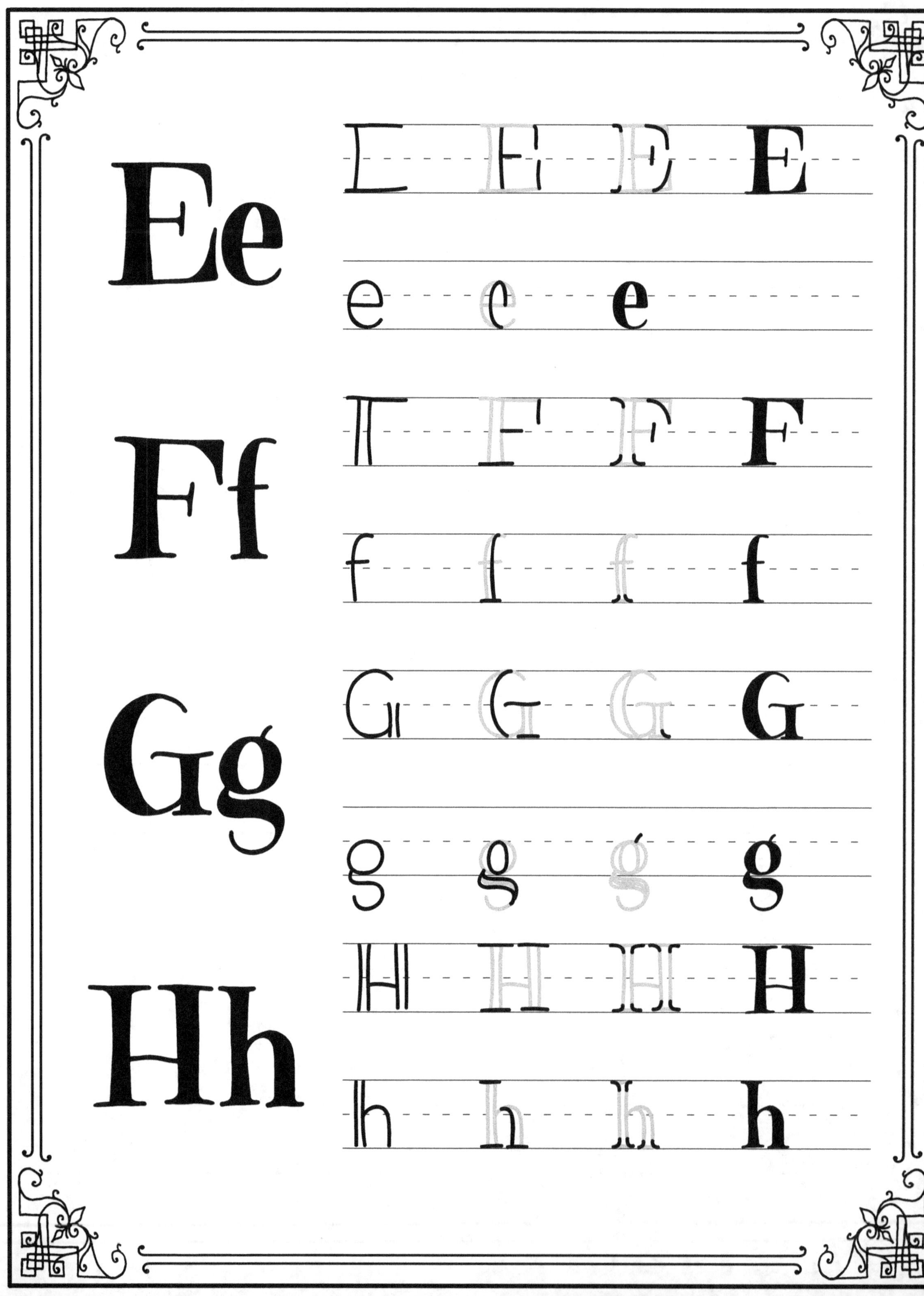

Ee Ee Ee Ee Ee Ee

Ee

Ff Ff Ff Ff Ff Ff

Ff

Gg Gg Gg Gg Gg Gg

Gg

Hh Hh Hh Hh Hh Hh

Hh

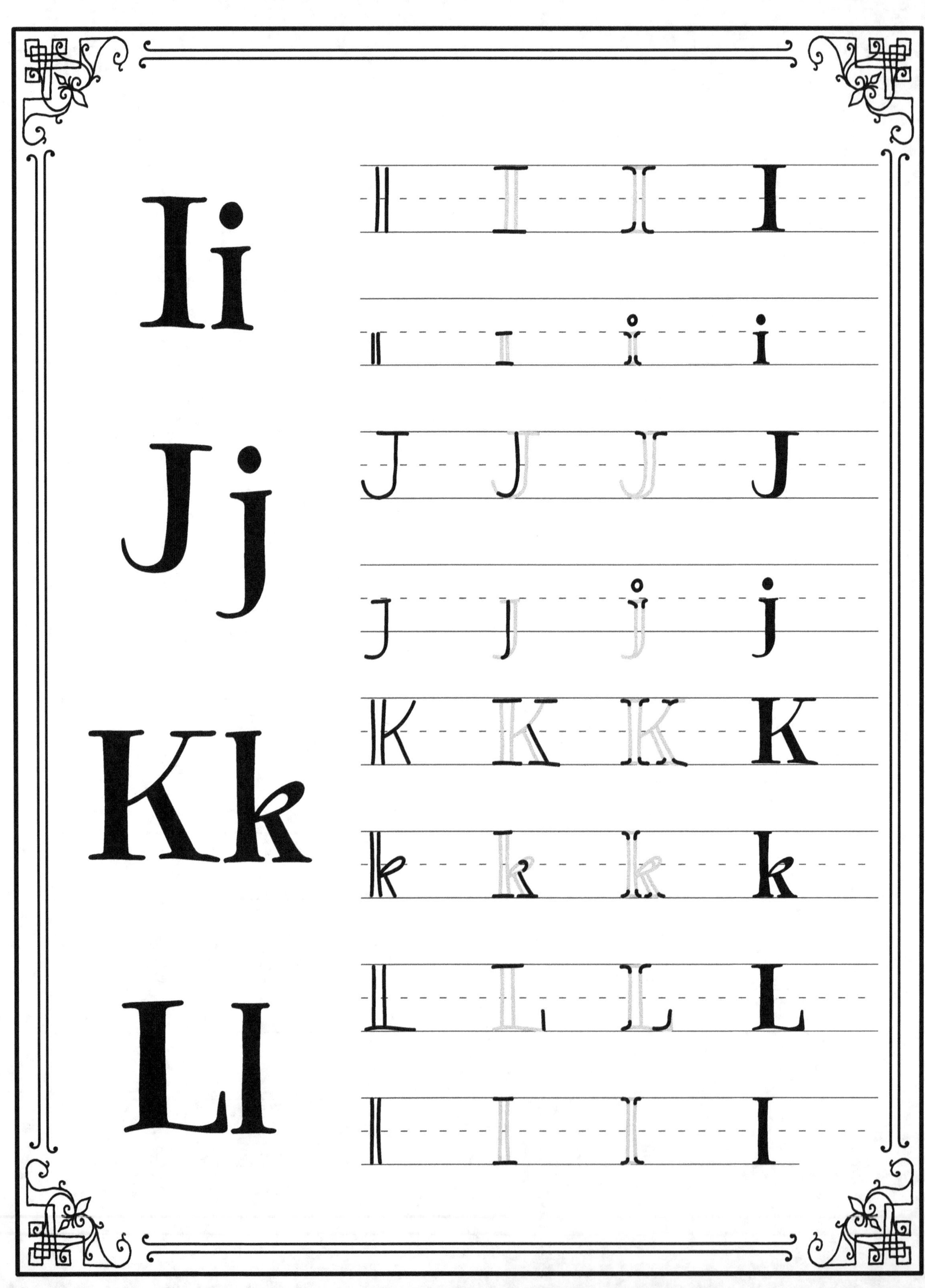

Ii
Jj
Kk
Ll

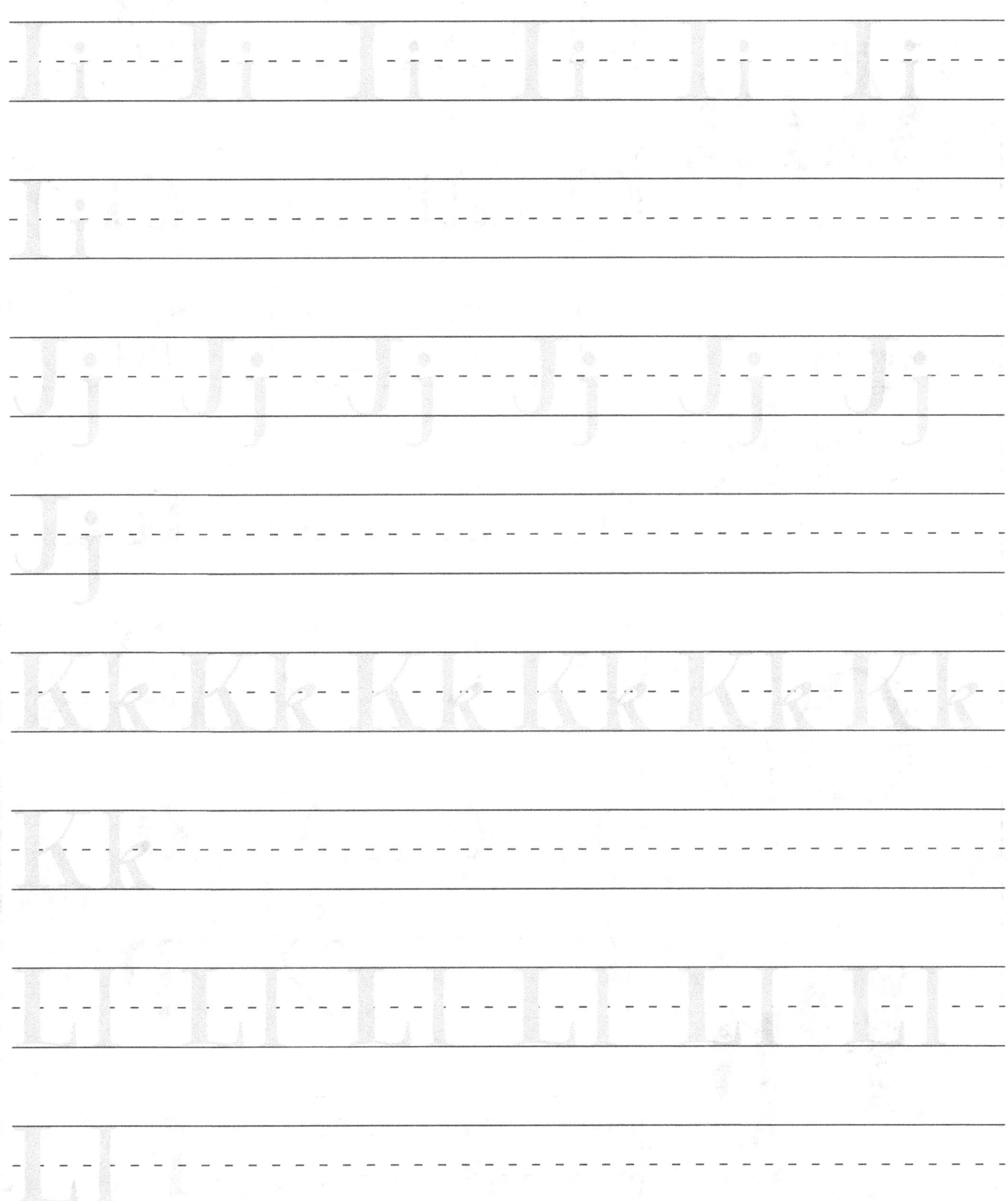

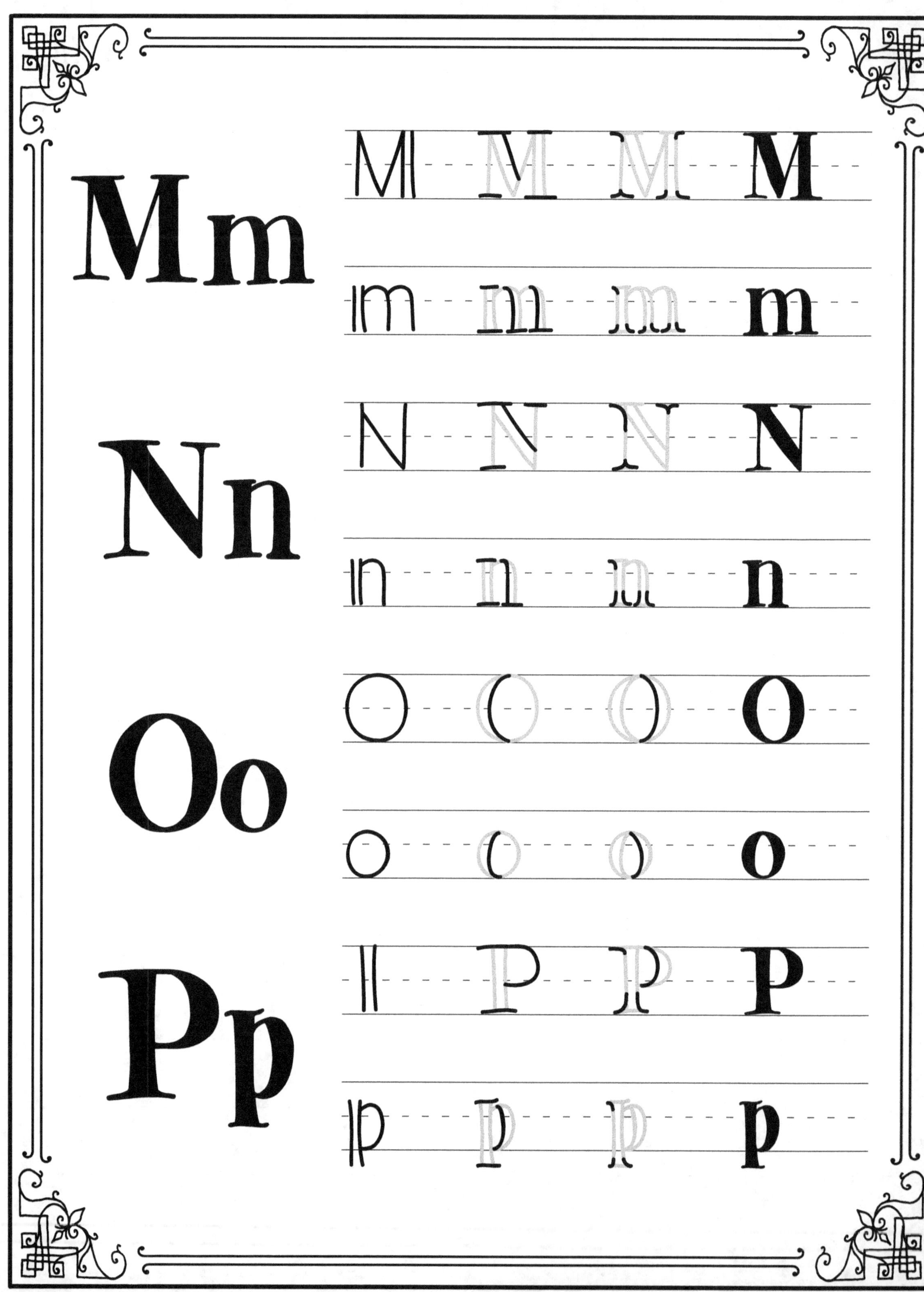

Mm

Nn

Oo

Pp

Mm Mm Mm Mm Mm

Mm

Nn Nn Nn Nn Nn Nn

Nn

Oo Oo Oo Oo Oo Oo

Oo

Pp Pp Pp Pp Pp Pp

Pp

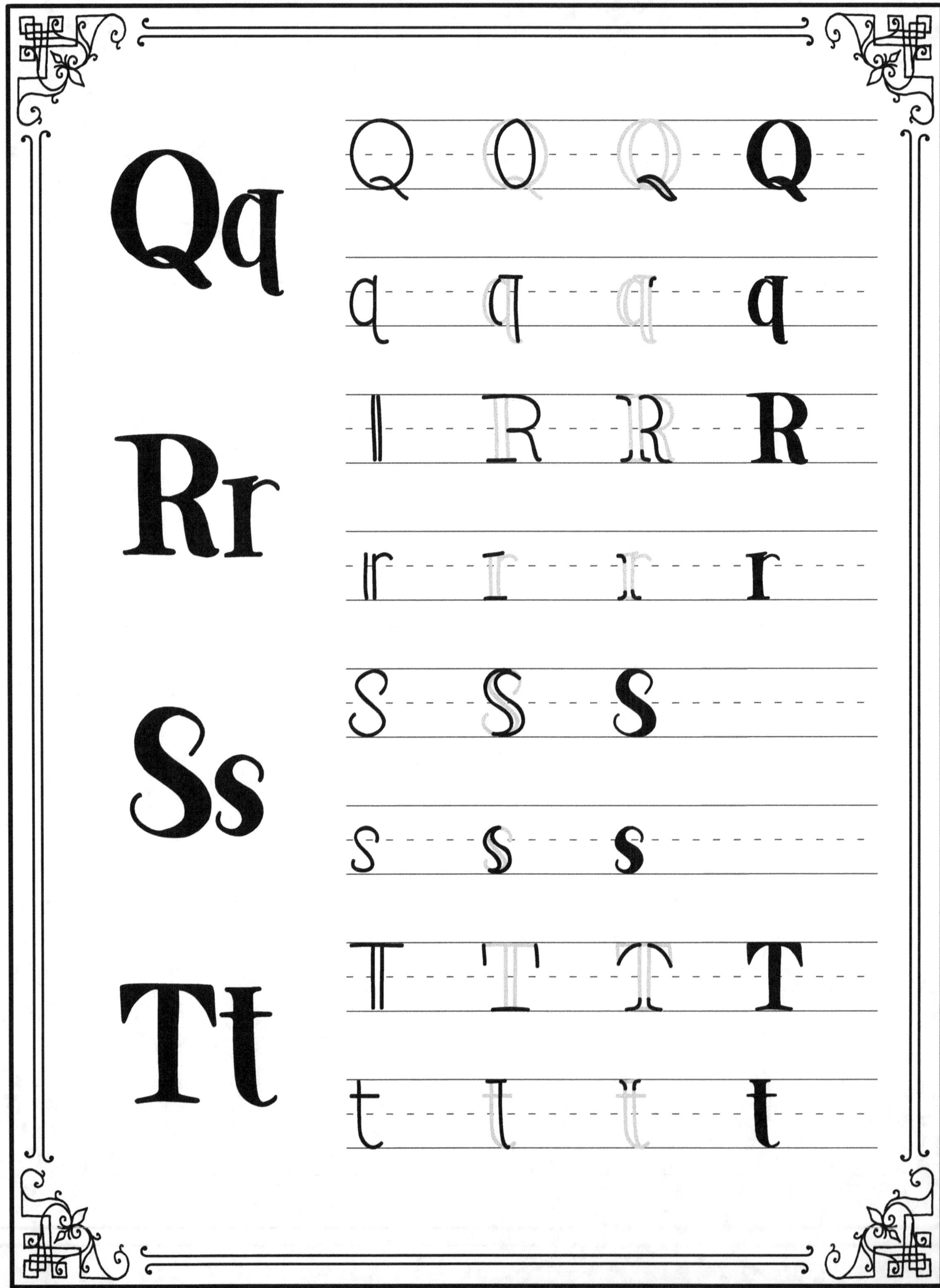

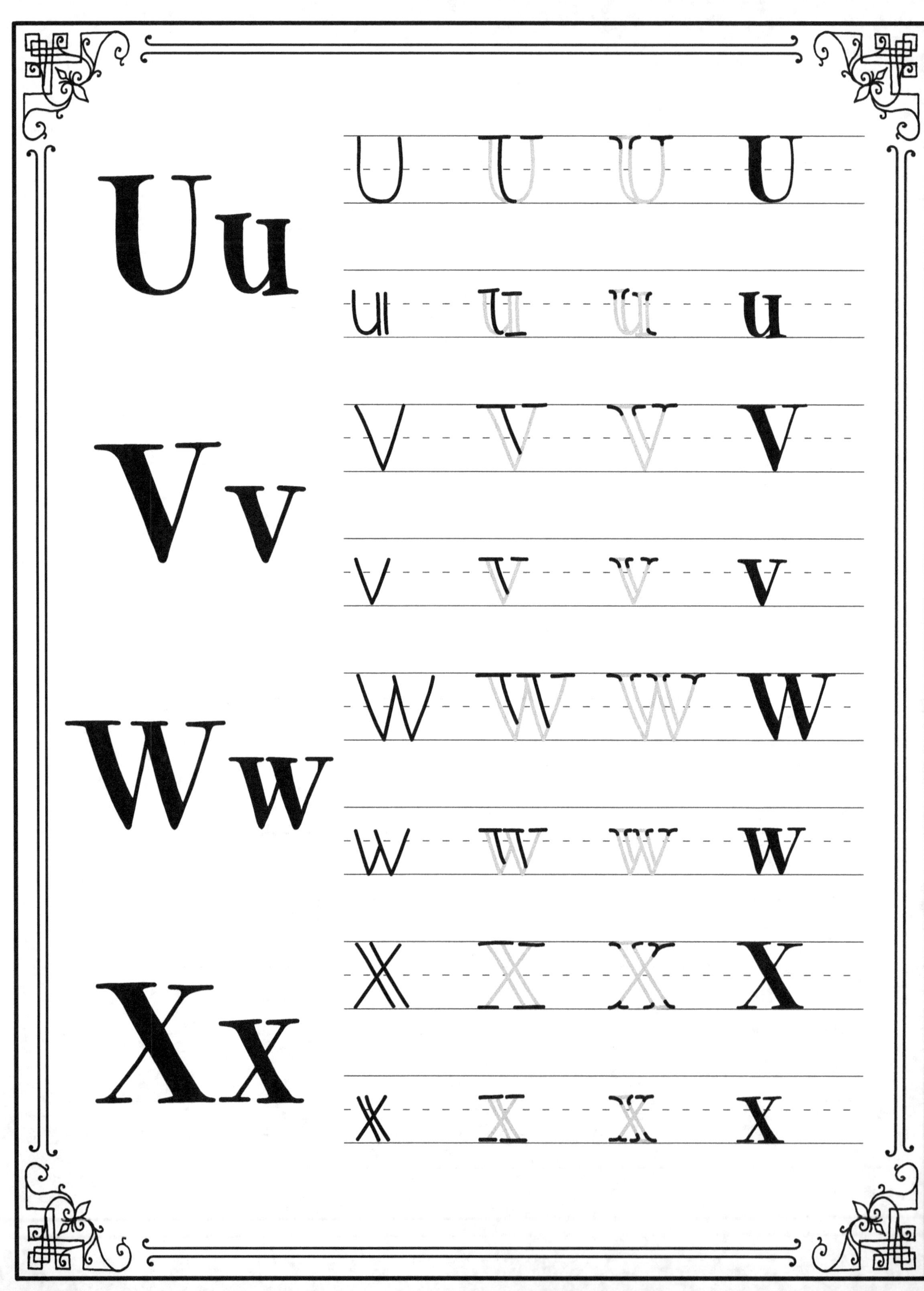

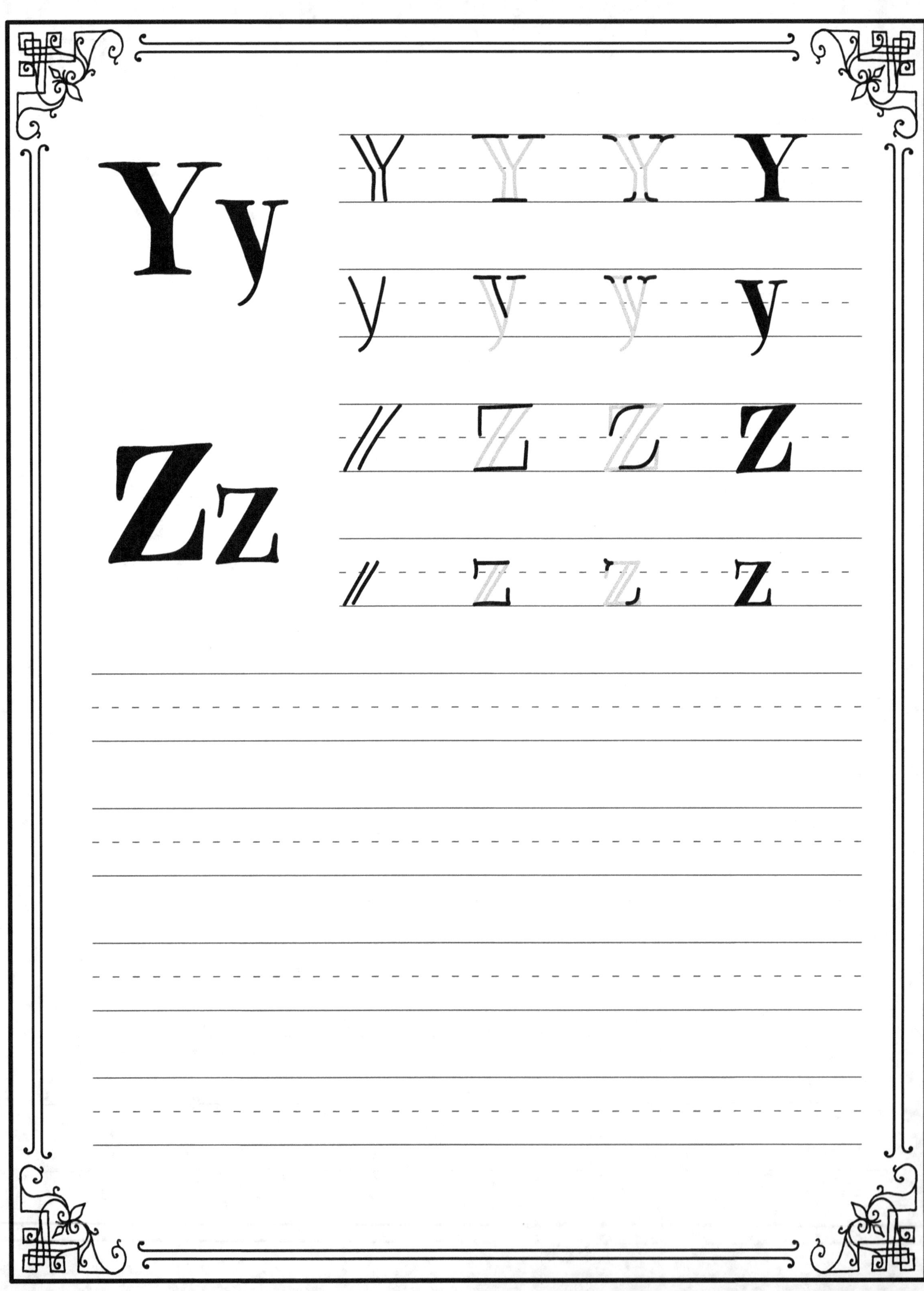

Yy
Zz

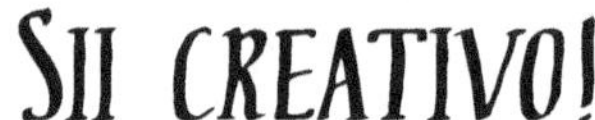

SII CREATIVO!

Il serif è un tipo di scrittura che si presta bene alla personalizzazione. Puoi trovare tantissimi modi per rendere le tue creazioni uniche. Ecco a te alcuni esempi per variare!

AGGIUNGI CURVE

Aa Bb Cc Dd

USA LE LINEE

Ee Ff Gg Hh

DISEGNA UNA TRACCIA ESTERNA

Ii Jj Kk Ll

AGGIUNGI DEI PUNTINI

Mm Nn Oo Pp

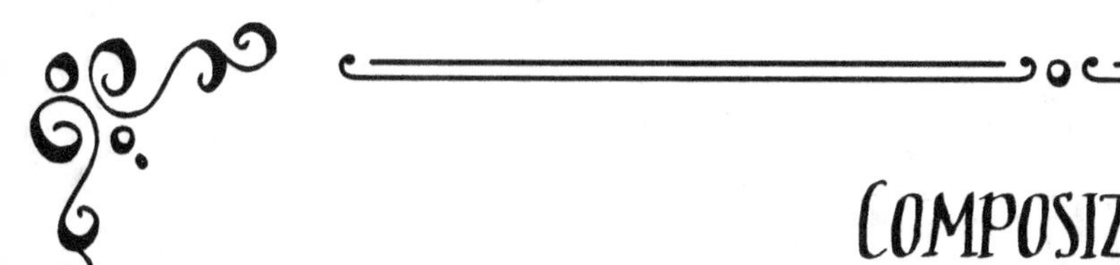

COMPOSIZIONI

Una composizione è una combinazione di lettering e altri elementi che vanno a completare un design. Mette in gioco molta pianificazione e precisione, quindi riga e matita sono essenziali da tenere con te per questo tipo di creazione! Abbellimenti, blocchi e stili di lettering giocano tutti un ruolo fondamentale qui.

Comporre il tuo personalissimo lettering può renderti nervoso e sembrarti difficile quando sei un principiante, ma non preoccuparti! Non ci sono regole precise e la sperimentazione è sempre una buona idea. In ogni caso, però, ci sono delle linee guida che possono aiutarti a dare il meglio di te! Questa sezione te le spiegherà una per una.

COMBINARE DIVERSI TIPI DI LETTERING

Quando stai progettando un design, userai spesso diversi stili per rendere la tua creazione più interessante. Non ci sono regole precise, ma alcuni espedienti possono renderti la vita più facile.

All'inizio ti sembrerà tutto difficile, ma vedrai che, con il tempo, sarà più semplice. Segui sempre la regola numero uno: non unire mai più di tre stili di design diversi. Quando avrai abbastanza esperienza, però, sentiti libero di sperimentare senza pensare alle regole!

Quando scegli uno stile, segui il tuo istinto! Mescola gli stili che ti sembrano stare meglio insieme.

- Prova a combinare stili diversi, come la finta calligrafia e il serif.
- Prova diverse varietà di lettering, aggiungi curve, abbellimenti e così via.
- Segui un tema generico all'inizio, come il moderno, l'informale, l'elegante, il romantico e così via. Quando avrai più esperienza, prova a mescolarli!

COME COMPORRE UN DESIGN DI HAND LETTERING

Quando inizi un design, utilizza prima di tutto la matita per sperimentare. Scegli delle parole chiave e disegnale in modo diverso, usa grandezze differenti, abbellimenti vari e tanto altro! La chiave è sperimentare. Cambia tutto ciò che vuoi, non c'è una regola su ciò che è giusto o sbagliato!

Ragionare a blocchi fa parte della composizione e, più tardi, scenderemo nel dettaglio di questo particolare. I blocchi ti aiutano a mantenere tutto ciò che fai ben bilanciato e, quindi, soddisfacente. Prendi una matita e lavora su tutto ciò che più ti piace prima di gettarti su di uno strumento permanente.

Successivamente andremo a esplorare alcuni abbellimenti. È il modo migliore per rendere il tuo design più bello! Inoltre, sono molto utili per aggiungere equilibrio al tuo disegno.

ABBELLIMENTI

Parliamo, quindi, di abbellimenti. Quelli che mostreremo di seguito non sono gli unici abbellimenti che puoi creare, ma sono un buon punto di partenza!

ELEMENTI FLOREALI

Iniziamo dagli elementi floreali! Sono tutti riportati in tre passi fondamentali, per renderti la loro pratica più semplice.

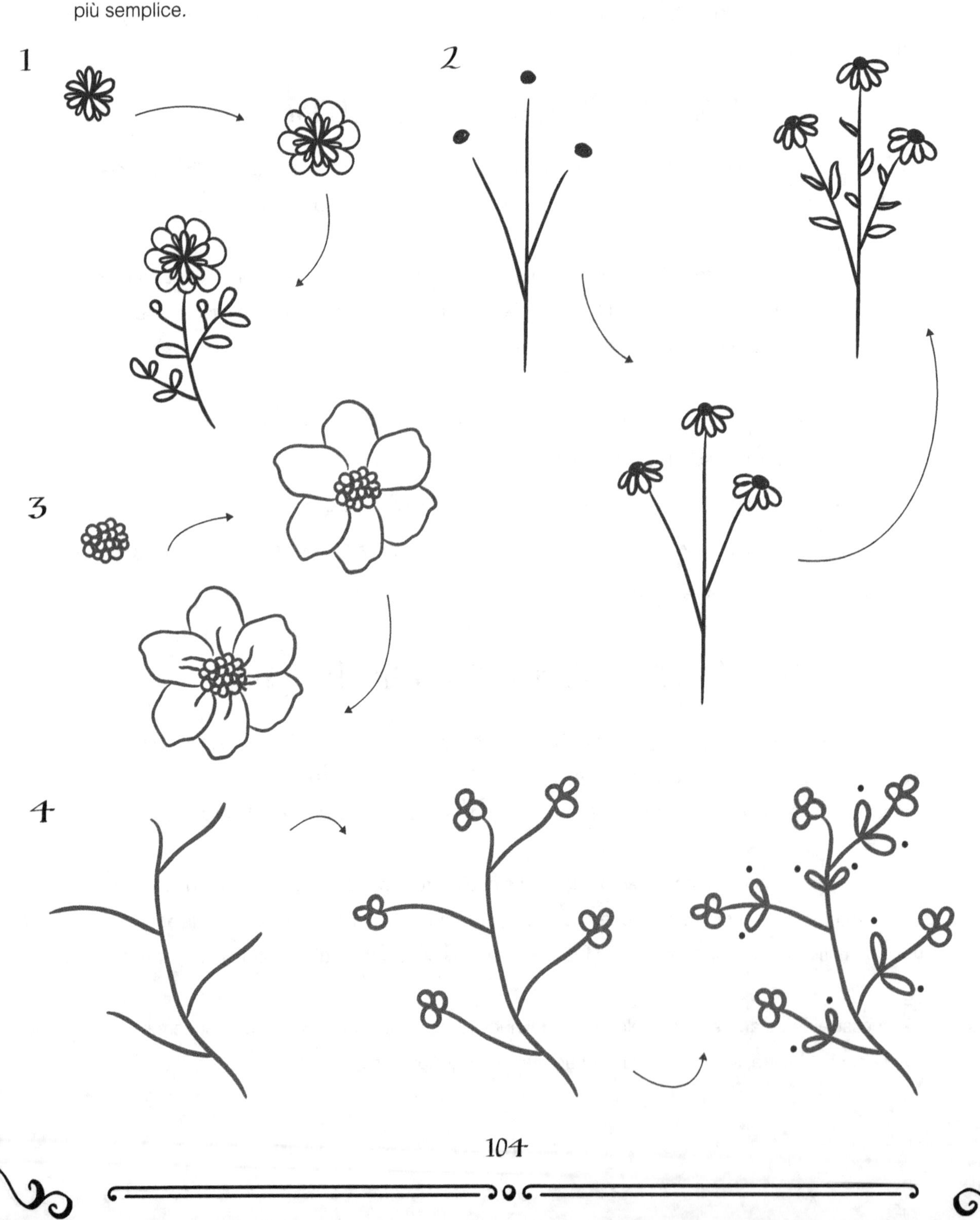

Hai bisogno d'ispirazione? Ecco di seguito alcuni design da cui puoi partire. Per iniziare, puoi usare il principio dei tre passi che abbiamo seguito prima. Osserva ciò che ti piacerebbe disegnare e dividilo in più parti di facile realizzazione.

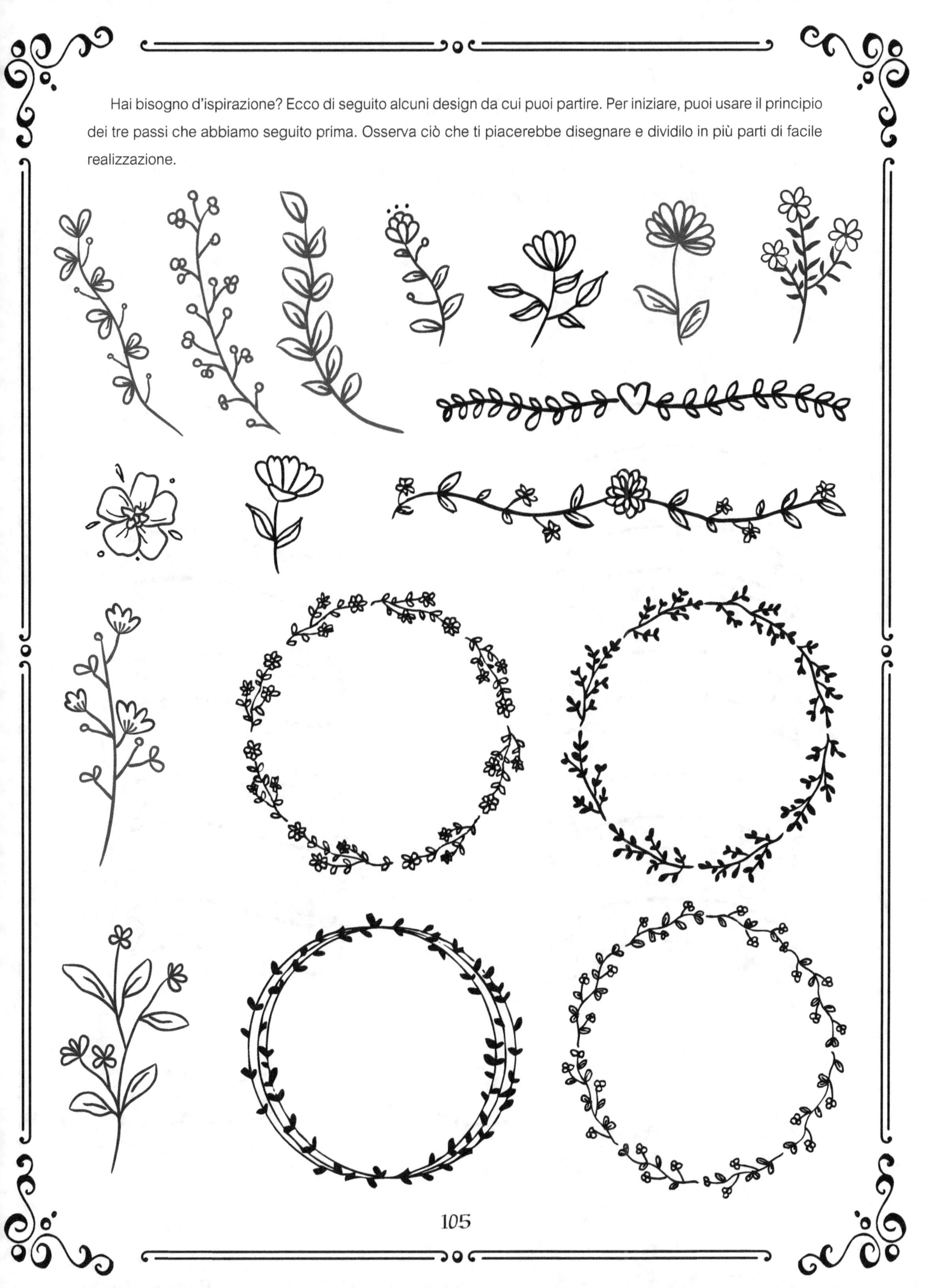

Striscioni

Striscioni e bandiere sono un altro elemento decorativo molto utile! Sono fantastici da disegnare attorno alle parole che vuoi evidenziare o per creare un bordo ai tuoi design.

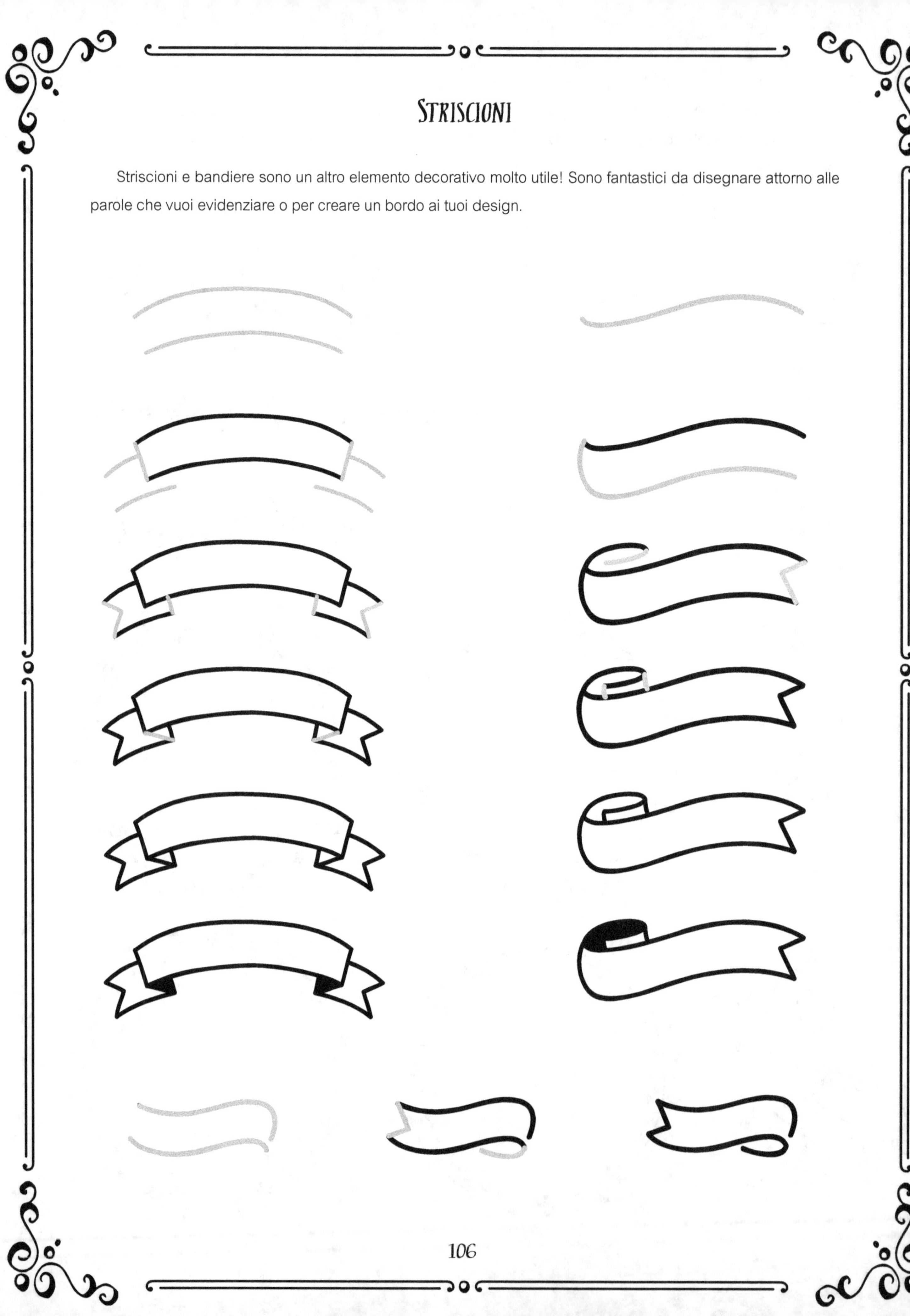

Puoi aggiungere anche dei dettagli ai tuoi striscioni!

- Disegna uno striscione base.

- Aggiungi delle linee per fare le ombreggiature. Tieni il tratto spesso sui bordi e lascia il tuo striscione chiaro e leggero. Assicurati di aggiungere delle ulteriori linee soltanto sui bordi dello striscione, così da lasciare il centro di esso bianco per le lettere che andrai a disegnarci dentro!

DIVISORI

Un altro strumento utilissimo sono i divisori. Sono utilizzati nei design per separare una parola dall'altra, oppure come bordi. Ecco alcuni esempi ma, come sempre, prenditi la tua libertà e sperimenta quanto vuoi!

ALTRI FIOCCHI E ORNAMENTI

Fiocchi, ghirigori e altri ornamenti sono un espediente fantastico per riempire gli spazi vuoti nei tuoi design e dare equilibrio alla composizione. Ecco alcuni esempi!

RAGIONARE A BLOCCHI

Adesso che hai imparato ogni singolo aspetto del lettering, è arrivato il momento di mettere tutto insieme! Ed è qui che scendono in gioco i blocchi.

1 Prima di tutto, prendi la frase completa che vuoi rendere in lettering ed evidenzia le parole più importanti. Cerca quelle che hanno un significato più forte, così da poterle mettere in risalto.

Happiness is not a destination, it's a way of life

(Happiness is not a destination, it's a way of life - La felicità non è una destinazione, è uno stile di vita)

2 Pianifica alcune diverse composizioni tramite l'arrangiamento della frase in diverse forme: archi, ponti, triangoli… Puoi utilizzare tutte le forme che desideri! Dai un'occhiata a quelle proposte, così da farti un'idea. Puoi provare tutte le combinazioni che vuoi. Non preoccuparti troppo dell'estetica, in questa fase devi solo mettere insieme tutte le idee che hai!

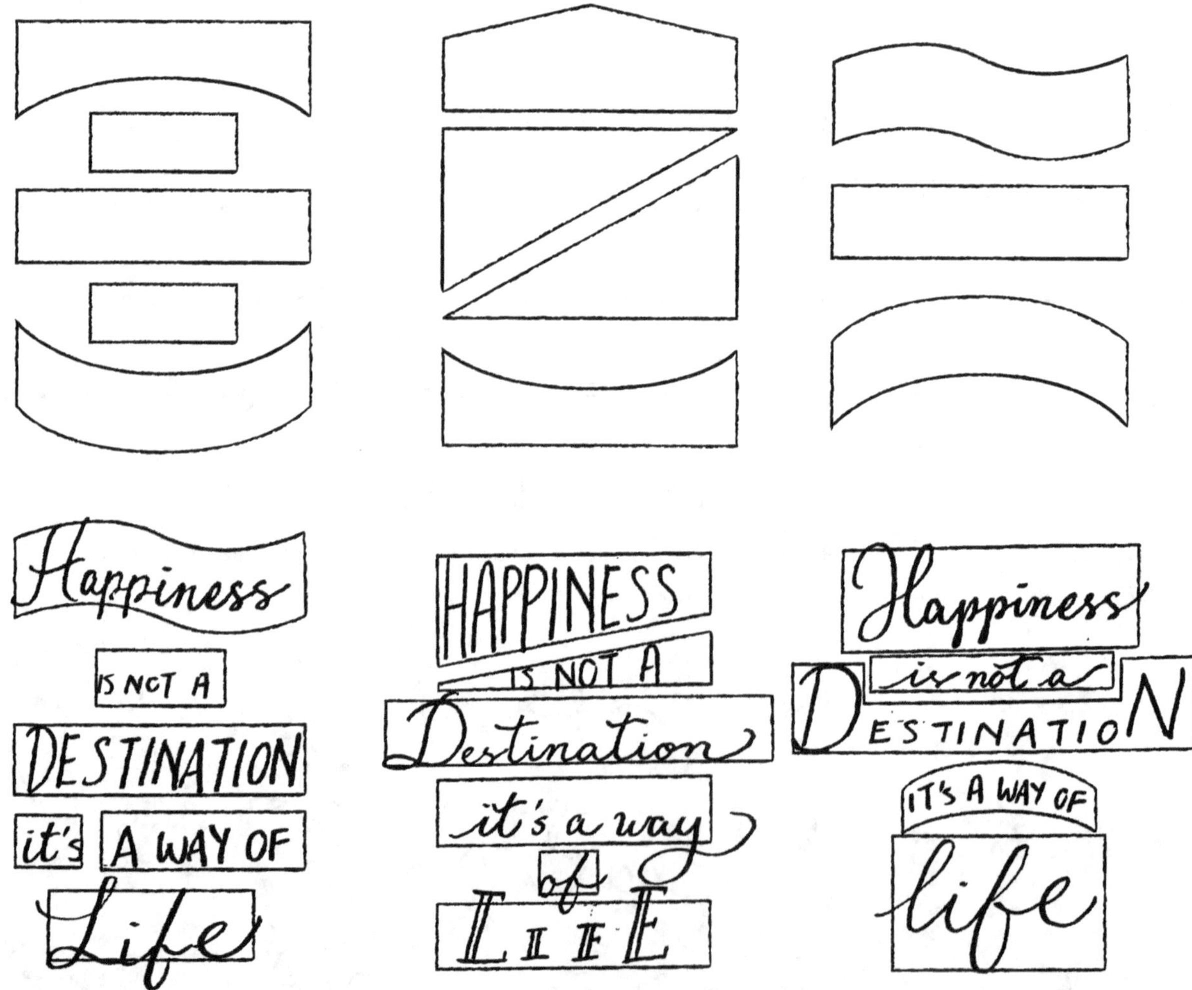

3 Ora che hai abbozzato qualche idea, scegli quella che preferisci. Usa la matita e la riga su di un nuovo foglio e rendi tutto più consistente e ordinato. Aggiungi tutte le linee guida che possono esserti utili, specialmente quella di mezzo, così da centrare il tutto. Se, invece, vuoi allineare la tua composizione a destra o a sinistra, aggiungi delle linee guida dall'uno o dall'altro lato.

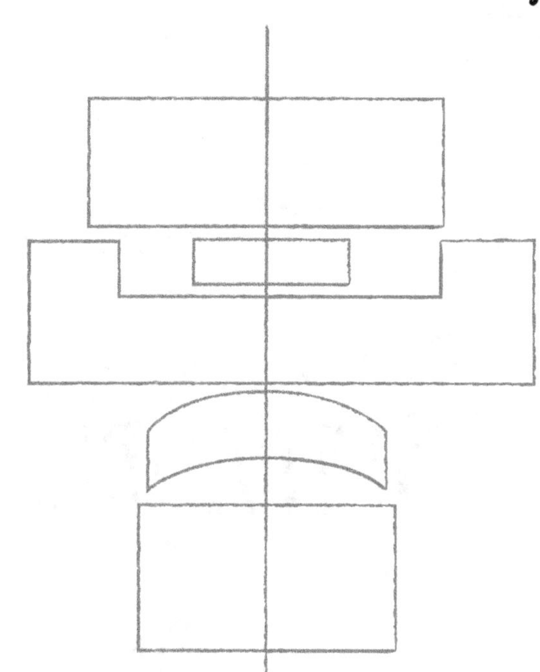

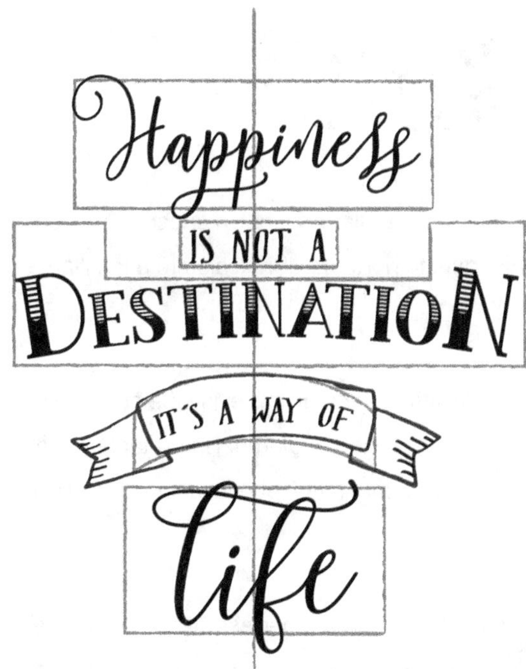

4 Utilizza i tuoi blocchi per creare il lettering che vuoi nello stile che preferisci. Anche in questo caso, fai prima delle bozze a matita, perché potrebbero aiutarti a capire ciò che preferisci cambiare o ciò che vuoi tenere. Fai delle prove finché non avrai trovato il design perfetto per te!

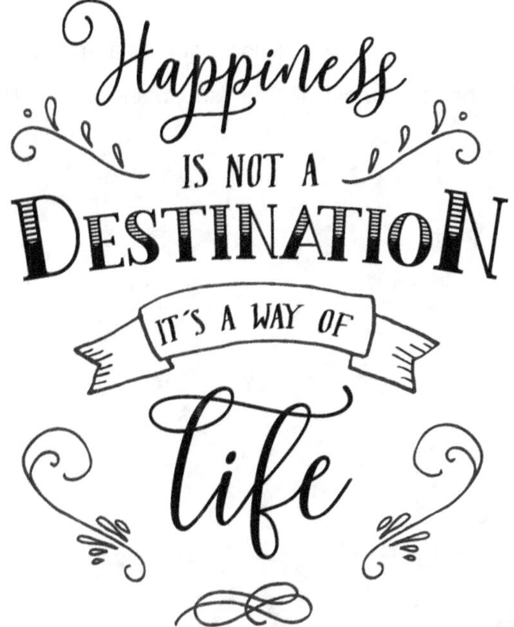

5 Aggiungi gli abbellimenti e i ghirigori che più preferisci e termina tutto con il tuo strumento preferito. Cancella le linee guida e i segni a matita. E adesso fai festa! Il tuo primo design è completo!

Sfida dei Dodici Giorni di Lettering!

Una parte importante nell'apprendimento del lettering è quella della pratica. Un sacco di pratica. Può essere difficile andare avanti e trovare idee nuove, quindi questa parte del libro ti aiuterà a familiarizzare con tutti gli aspetti del lettering.

Anche se si tratta di una sfida giornaliera, sappiamo che la vita è piena di imprevisti. Se così fosse, non prendertela con te stesso! Non devi per forza lavorare su di un design al giorno, l'importante è fare pratica e scrivere la citazione in uno stile in particolare. La cosa fondamentale è che, alla fine, tu ti abitui a fare pratica ogni giorno!

Tutte le citazioni hanno già un design prestabilito, linee guida e spazi per esercitarti. Alcuni dei design più difficili ti forniscono anche delle linee guida da ricalcare e dello spazio in più per fare pratica!

Giorno 1: Non Perdere Mai la Speranza

Questa frase è un buon punto d'inizio! Non bisogna mai perdere la speranza quando si fa pratica, perché si migliora ogni volta che si tracciano linee sul foglio!

La frase è sviluppata in finta calligrafia, quindi una penna o un pennarello saranno più utili. Se ti senti sicuro di te, però, puoi provare a usare anche uno strumento con punta a pennello!

Quando ti eserciti su questo tipo di lettering, ti sarà più facile tracciare le parole chiave, quindi "Never", che significa "mai", e "Hope", "speranza".

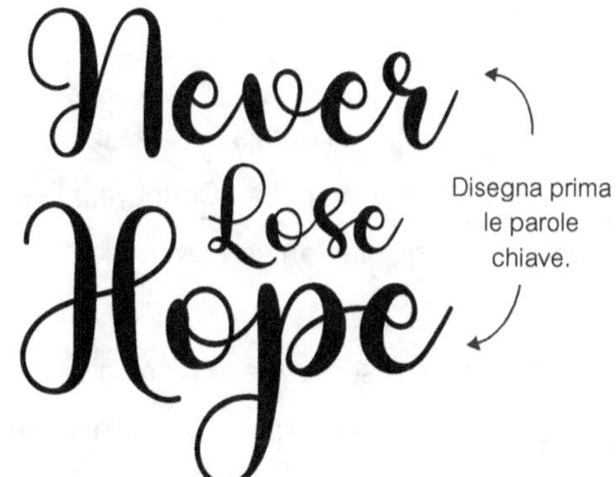

Ricalca il design

Fai pratica!

GIORNO 2: CONTA LE TUE BENEDIZIONI

La citazione di oggi sarà fatta con brush lettering. Nota, in questo design, come le lettere cambino: Count your Blessings. In queste pagine hai a disposizione degli ulteriori esercizi di ricalco, così da notare meglio le differenze!

Tuttavia, se vuoi cambiare qualcosa, sperimenta pure! Scegli diverse parole chiave e fai tutte le variazioni che vuoi.

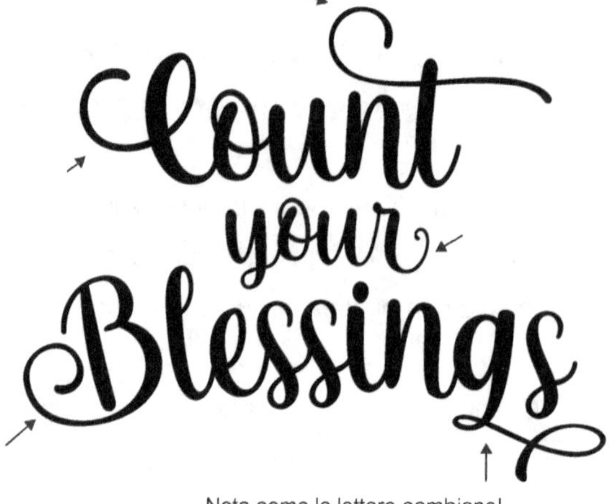

Nota come le lettere cambiano!

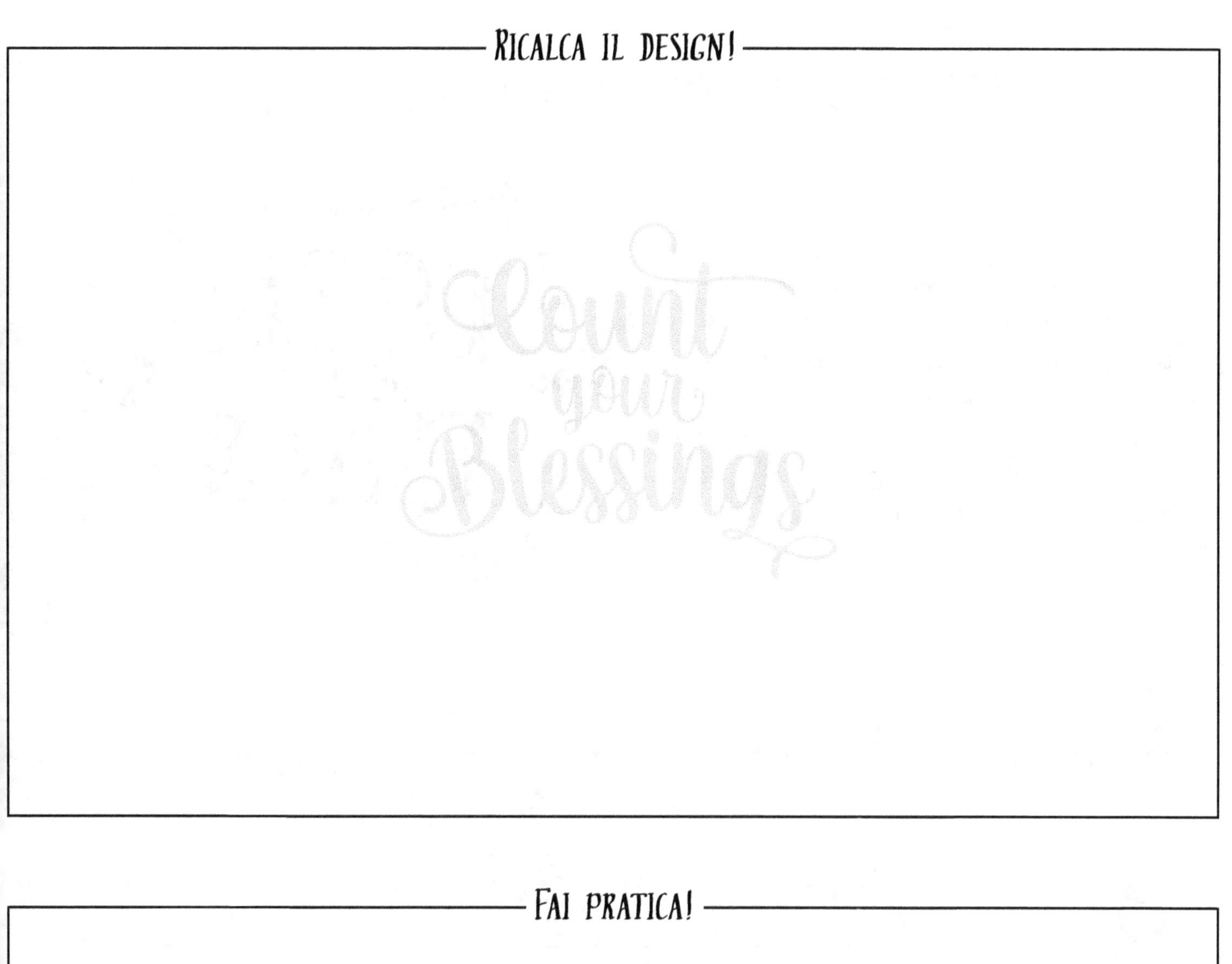

— Fai pratica! —

GIORNO 3: L'AMORE NON FALLISCE MAI

Oggi, invece, useremo due stili diversi: il serif e la finta calligrafia! Utilizza una penna o un pennarello, tieni a portata di mano una riga e non dimenticare le linee guida. Se guardi bene, noterai che il serif ha piccole variazioni, curve e riccioli sulle lettere. Questo design ha già decorazioni e ghirigori, ma tu puoi aggiungere tutto ciò che preferisci!

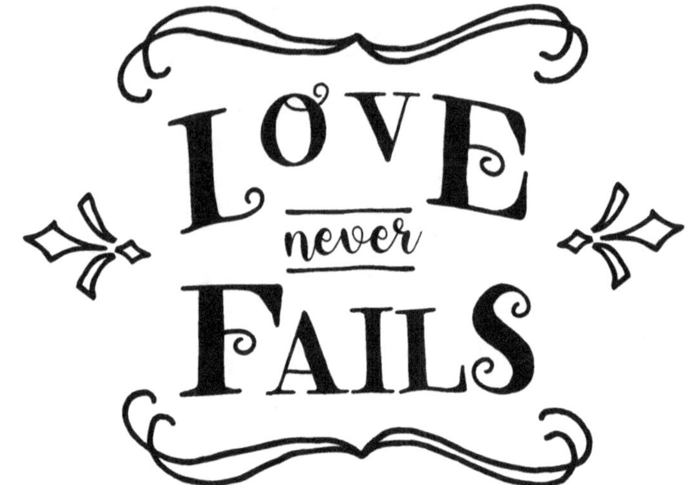

L

O

E

F

S

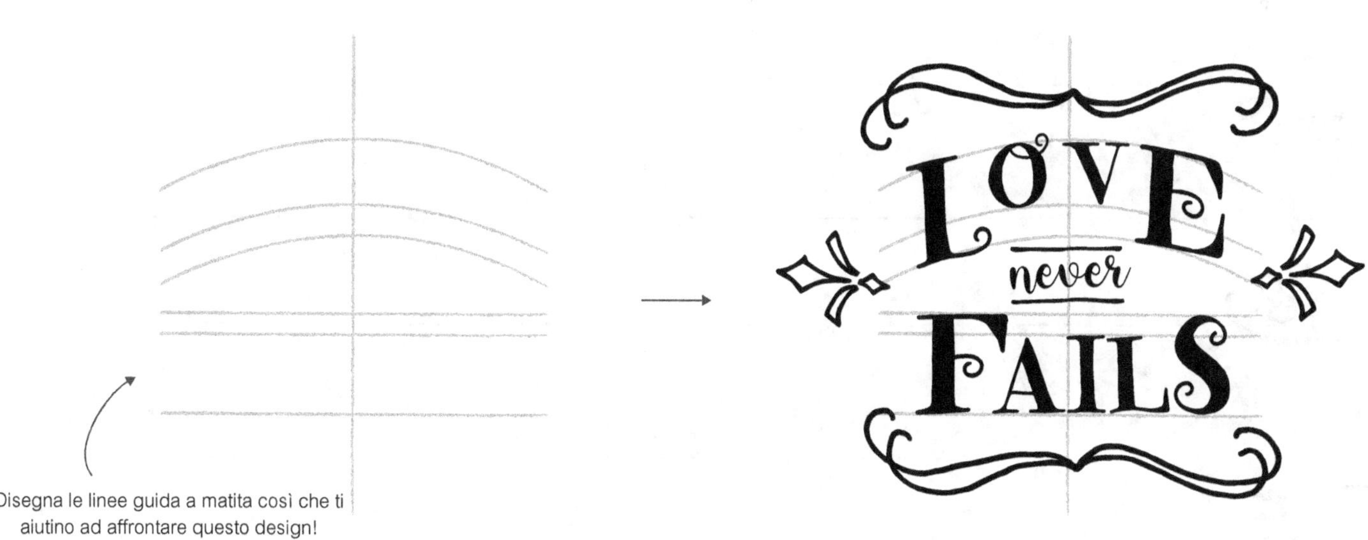

Disegna le linee guida a matita così che ti aiutino ad affrontare questo design!

Giorno 4: Scegli la Gentilezza

Lo stile di oggi è il monolinea! Usa una penna o un pennarello che ti aiutino a mantenere le tue linee ordinate e consistenti.

Il design è molto semplice, ma gli abbellimenti possono essere un po' complicati. Continua a fare pratica e lo padroneggerai subito!

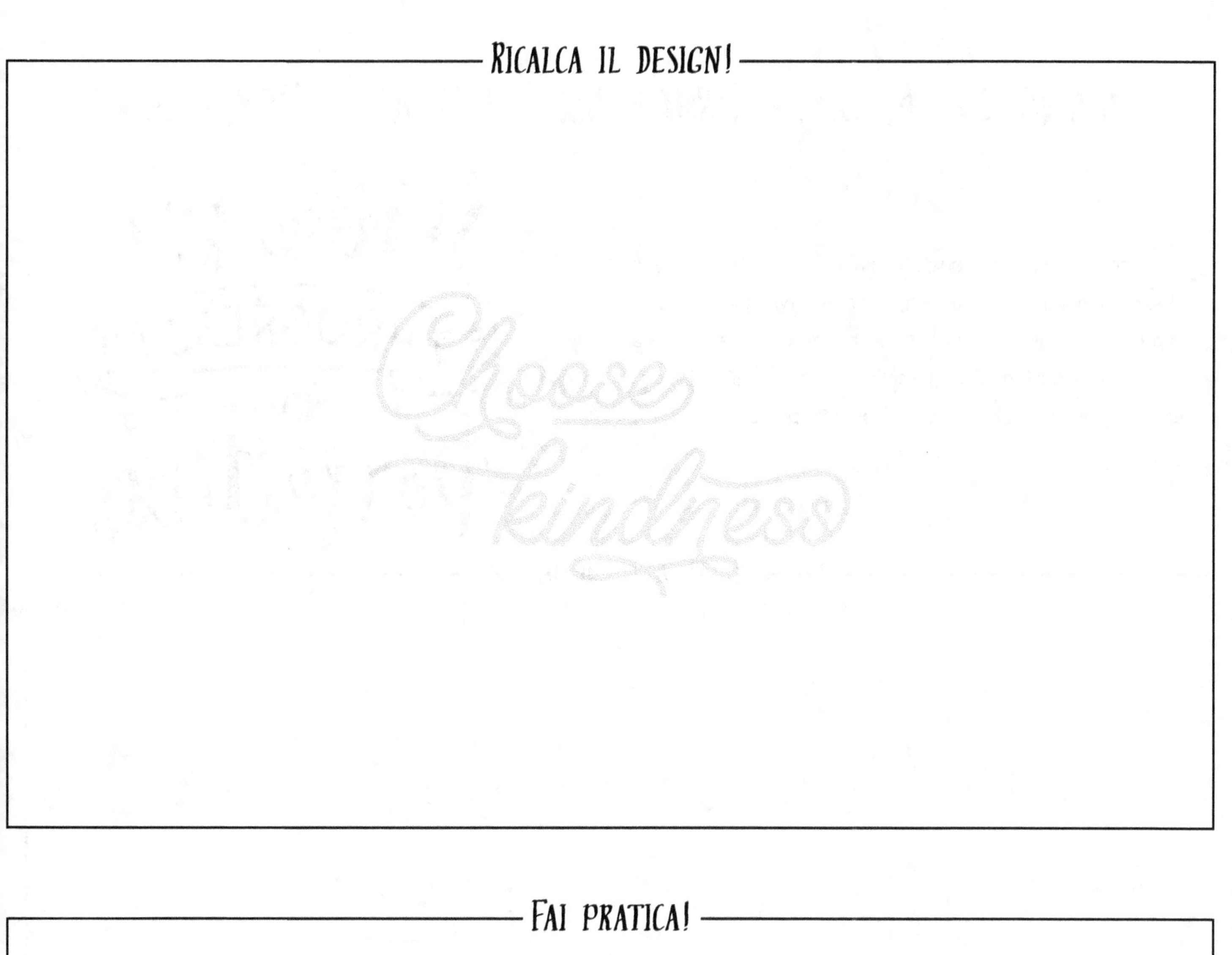

Fai pratica!

GIORNO 5: MIRA AL PROGRESSO, NON ALLA PERFEZIONE

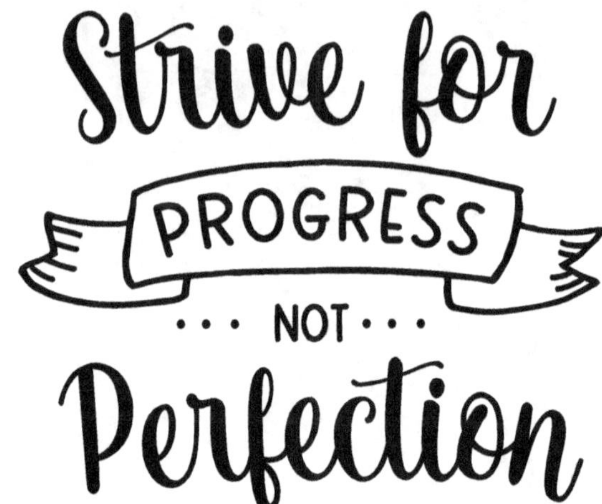

Ecco a te un promemoria! Questo design combina insieme il sans serif e il brush lettering, quindi ti serviranno dei buoni strumenti da disegno, come una penna normale e una a pennello. Il design di oggi include anche degli striscioni: prenditi tutto il tempo che ti serve per fare pratica.

— RICALCA IL DESIGN —

— FAI PRATICA! —

Giorno 6: Sii Gentile & Abbi Coraggio

Sei a metà strada! Il design di oggi può essere tracciato sia in finta calligrafia che in brush lettering, dipende dal tipo di pratica che vuoi fare! Se vuoi provare entrambi, utilizza della carta da lucido e fallo due volte!

Come sempre, usa una penna o un pennarello per la finta calligrafia, mentre per il brush lettering utilizza una penna a pennello. Quando ti eserciti su questa citazione, parti dalle parole "courage", ovvero "coraggio", e "kind", "gentile", e disegna tutto il resto attorno a esse.

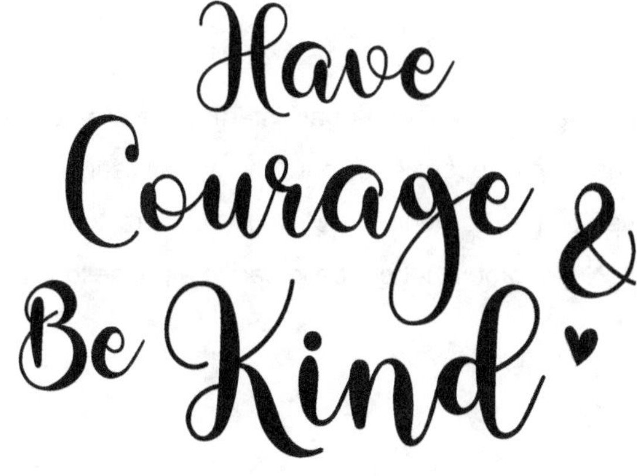

Giorno 7: La Felicità È In Ciò Che Chiamiamo Casa

La citazione di oggi è quasi interamente creata con brush lettering, fatta eccezione per un po' di sans serif. Uno strumento di precisione ti aiuterà a tracciare tutti gli abbellimenti! Nota come le lettere delle parole a pennello variano.

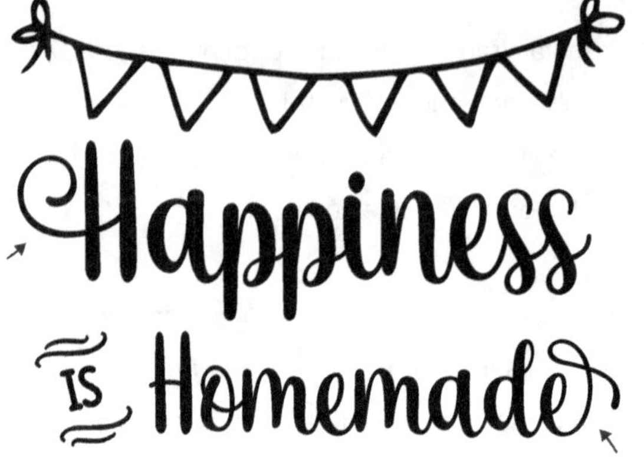

Ricalca il design

Fai pratica!

Giorno 8: Le Stelle non Brillano Senza l'Oscurità

Oggi, invece, ci eserciteremo con del serif unito alla finta calligrafia o al brush lettering… la decisione sta a te. Usa delle penne e dei pennarelli per il lettering in serif e in finta calligrafia, mentre per il brush lettering utilizza una punta a pennello. Questo design è un po' più difficile, ma impiegare un po' più di tempo ne varrà la pena! Fai con calma e goditi il processo.

Stars can't SHINE without DARKNESS

Stars can't SHINE without DARKNESS

Giorno 9: Goditi le Piccole Cose

Sei arrivato alla parte finale della sfida! Questo design è fatto quasi interamente in finta calligrafia o brush lettering, con una piccola parola in sans serif. A seconda dello stile, scegli lo strumento che ti sembra più appropriato. I ghirigori e le foglie utilizzati servono ad abbellire il design, ma sentiti libero di sperimentare quello che vuoi per rendere il tutto più frizzante!

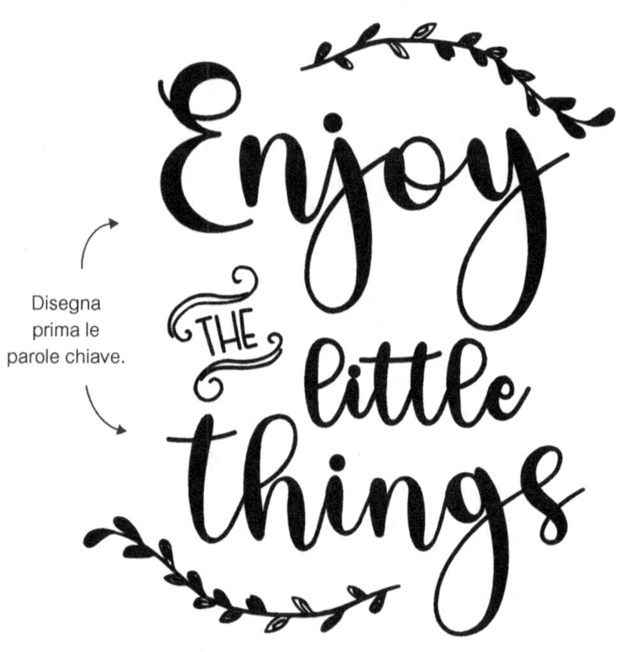

Disegna prima le parole chiave.

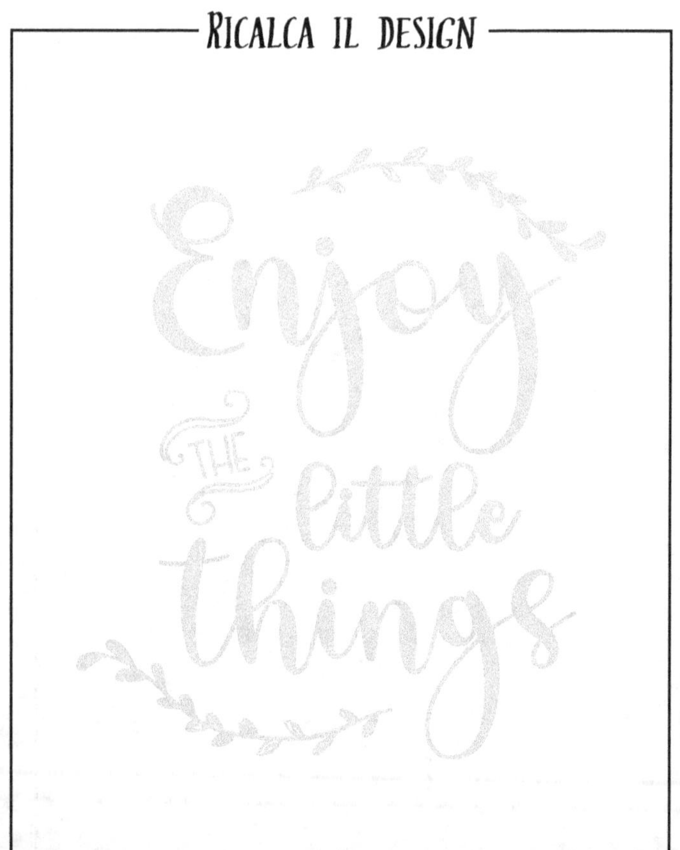

Giorno 10: Ascolta la tua Anima

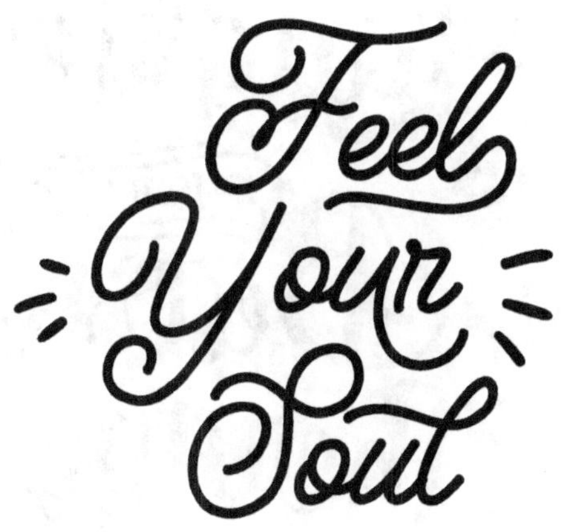

Lo stile di oggi è il monolinea! Usa una penna o un pennarello per creare delle linee ordinate. La citazione proposta è semplice, ma attenzione alle variazioni alle lettere più difficili: Feel Your Soul.

Ricalca il design

Fai pratica!

Giorno 11: Ridere è la Miglior Terapia

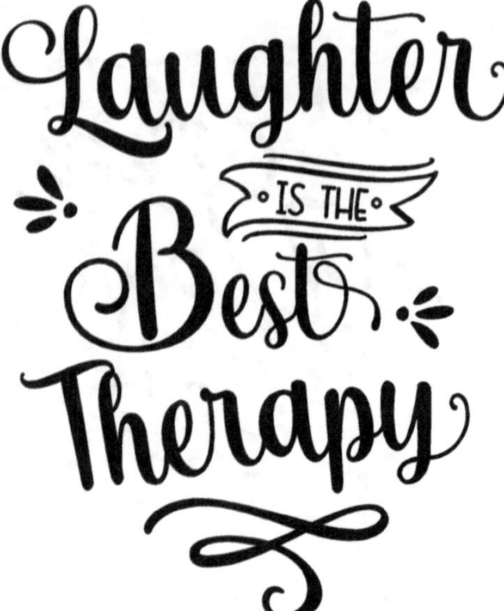

La citazione di oggi combina il sans serif e il brush lettering. Usa gli strumenti appropriati per ciascuno di questi stili. Non avere fretta, perché questo design ha numerose parti diverse! Osserva ogni bandiera, abbellimento e variazione delle lettere in Laughter is the Best Therapy.

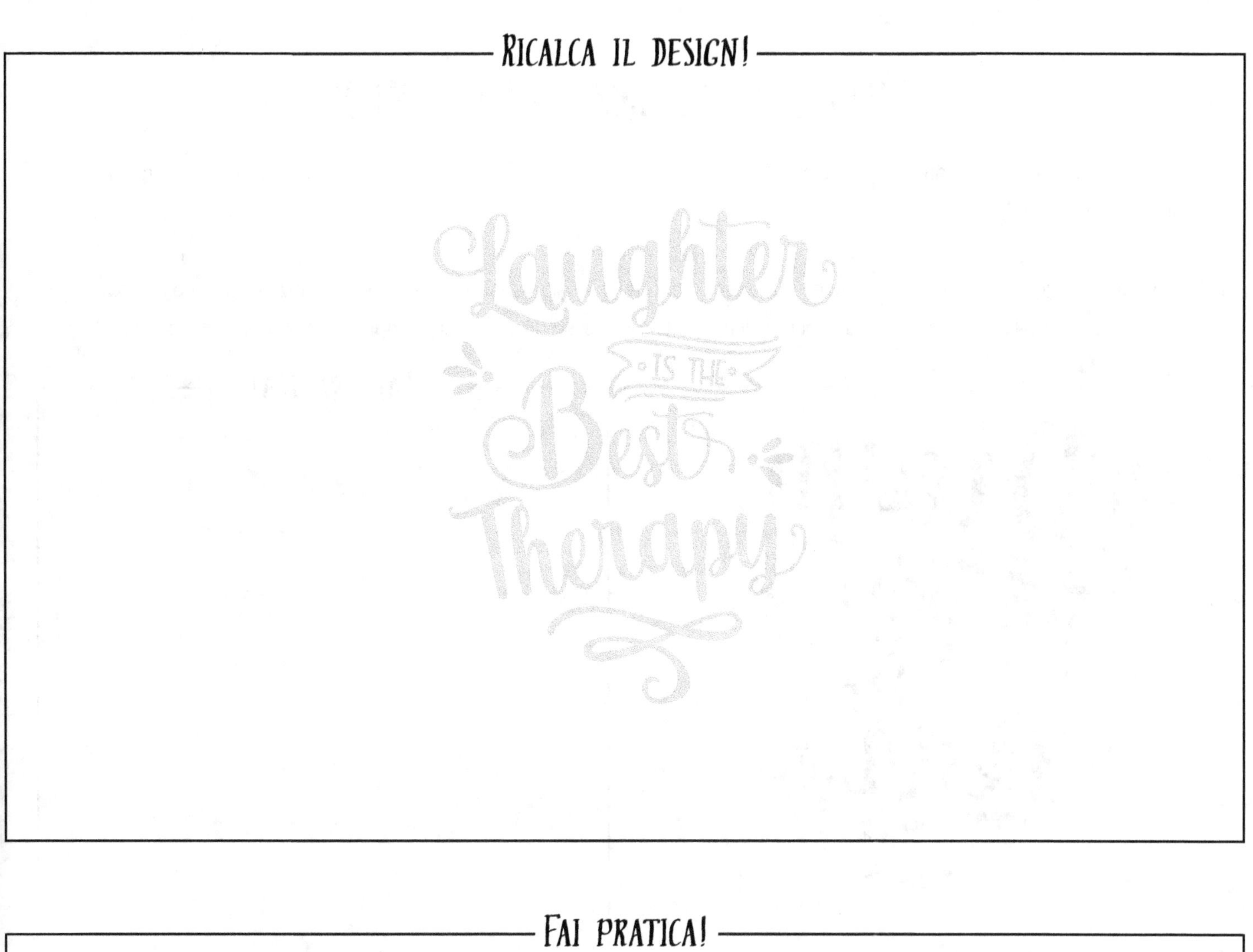

Laughter
IS THE
Best
Therapy

Giorno 12: Sogna Senza Paura

Congratulazioni, sei arrivato all'ultimo giorno! Un'ultima citazione e sarai a buon punto con il percorso verso il tuo personalissimo design.

Gli stili di oggi sono il brush lettering e il sans serif. Per questo design, disegna delle linee decorative attorno alla parola "without", che significa "senza", e aggiungi tutto il resto attorno a essa. In ultimo, aggiungi tutti gli abbellimenti che vuoi!

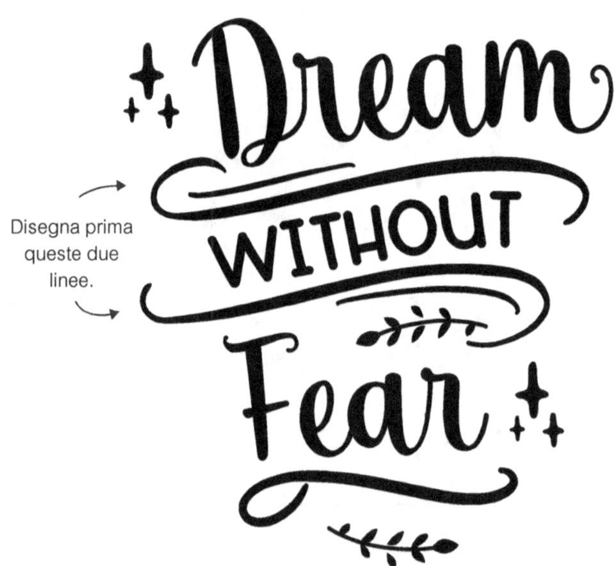

Fai pratica!

Ricalca il design

Bonus: Citazioni Aggiuntive per Fare Pratica

Bravissimo, sei arrivato davvero lontano! Con un po' di pratica in più diventerai di certo un professionista del lettering! Ecco alcune citazioni con cui puoi fare pratica!

Motivazionali & D'Ispirazione

Dopo ogni tempesta, esce l'arcobaleno.

La vita è una spiaggia: goditi le onde!

C'è della magia in te.

Le cose belle richiedono tempo.

Sei un piccolo raggio di sole.

La vita è dura, ma lo sei anche tu.

Sii la ragione del sorriso di qualcuno.

Spargi felicità come se fosse coriandoli.

Datti il permesso di riposare.

Riempi il cuore di amore.

Sei capace di fare cose meravigliose.

Amicizia

Gli amici si vedono nel momento del bisogno, non soltanto in quello di gioia.

Un amico è ciò di cui il tuo cuore ha sempre bisogno.

I veri amici sono sempre insieme nello spirito.

Un amico ti ama sempre.

Migliori amici fino alla fine.

Non importa quando, non importa dove, io ci sarò sempre.

Compleanni

Che questo giorno sia fantastico quanto te.

Congratulazioni per un altro anno pieno di te!

Oggi è il mio giorno dell'anno preferito.

Divertenti

Sempre in ritardo, ma ne valeva la pena.

Datemi del caffè e nessuno si farà male.

Gli amici ti regalano del cibo. I migliori amici te lo rubano.

Le pessime idee creano le storie migliori.

Svegliatemi quando il caffè è pronto.

Il mio esercizio si chiama pisolino.

Se solo la pizza fosse un cibo sano.

Matrimoni

Stia con noi.

E così, la nostra avventura inizia.

Nato/a per amarlo/a.

Sei sempre stato/a tu.

Abbiamo deciso per il "per sempre".

Sempre & Per Sempre.

Natale

L'amore ci terrà al caldo.

Babbo Natale, sei il benvenuto!

Gioia per il mondo.

C'è solo bisogno di amore e spirito natalizio.

E neve sia!

I biscotti di Natale non sono mai abbastanza.